가난한 노년 탈출, 연금이 해답이다

모르면 손해보는 연금상식

가난한 노년 탈출
연금이 해답이다

최재식 지음

매일경제신문사

노년에 연금이 없다면

　노년에는 연금이 있어야 한다. 죽는 그날까지 돈 걱정 없이 품위를 지키면서 세상에 가치 있는 일을 하려면 무엇보다 연금이 있어야 한다. 강제로 보험료를 떼어가던 현역 시절에는 그렇게도 미운 연금이었다. 그런데 퇴직이 가까워지니 그것이 좋아진다. 하루에도 몇 번씩 연금공단 홈페이지에 들어가서 내 연금이 얼마인지 살펴보게 된다. 누가 훔쳐가는 것도 아닌데 괜히 불안해지기까지 한다.

　경제적으로만 본다면 연금은 효자 서넛보다 낫다. 어느 자식이 매달 꼬박 꼬박 통장에 생활비를 챙겨줄까? 출세한 자식은 나라의 자식, 돈 잘 버는 자식은 사돈의 자식, 부도난 자식은 나의 자식이라는 냉소적인 농담까지 있는 세상이다. 자식에게 얹혀 살기 싫어서 자살하는 노인도 있다. 그러니 노년의 연금이야 말로 생명의 돈이요, 세상을 떠나는 날까지 품격을 유지해주는 향기로운 돈이다.

　이렇게 연금이 절실하게 된 이유는 새로 생긴 30년의 은퇴기 때문일 것이다. 과거에는 '인생 60년'(1960년 우리나라의 평균수명은

52.4세에 불과했고 젊어서 사망한 경우를 제외하면 평균 60세 정도를 살았다)을 크게 넘기지 못했다. 태어나서 30년 정도는 부모의 보호 아래 자라 교육받고 세상 살아갈 준비를 했고, 그 이후 30년은 소득활동을 하면서 자신이 부모에게서 받았던 것처럼 자식을 기르고 가르치다 삶을 마감했다. 나이가 들어도 농사나 집안일 같은 생산적인 일에 종사하다가 은퇴기라는 개념 없이 대체로 60평생을 살았던 것이다.

그런데 지금은 과거 '인생 60년'을 마치고도 남는 수명이 30년이 더 생겼다. 2009년 생명표에 의하면 60세에 은퇴할 경우 기대여명이 23.8세(남자 20.98세, 여자 26.02세)나 돼 젊어서 사망하는 경우를 제외하면 조만간 90세까지 사는 것이 그리 어렵지 않기 때문이다. 성장기인 퍼스트 에이지(first age) 30년, 생산 활동기인 세컨드 에이지(second age) 30년, 그리고 노년기인 써드 에이지(third age) 30년의 '트리플(triple) 30 인생'을 살게 된 것이다.

문제는 생산 활동기의 막바지인 60줄에 접어들면 무대 주인공 자리를 물려주고 은퇴를 해야 한다는 데 있다. 젖은 낙엽처럼 땅바닥에 달라붙어 빗자루에 쓸려 나가지 않으려고 발버둥 쳐도 소용없는 일이다. 법률이나 취업규칙에 정해진 강제퇴직 연령인 정년에 이르게 되면 직장에서 물러나야 하기 때문이다.

많은 직장인들은 정년 후에 맞게 될 변화에 아랑곳하지 않고 정년을 향해 달려가고 있다. 회사에서 56세까지 자리를 지키고 있으면 도둑이라는 뜻의 '오륙도'라는 말이 있듯이 50대 중반 즈음에 물러나는 경우가 많다. 공직자의 경우 좀 더 오래 버틸 수 있지만 길어야 60세 남짓이다.

미국 등 많은 나라에서는 정년제가 연령을 이유로 하는 고용상의 차별이라며 이미 오래 전에 폐지되어 강제퇴직 연령으로써의 고용정년(the age limit)은 찾아보기 어렵다. 그러나 정년이 없다고 해서 평생 현역으로 생활할 수는 없다. 신체적인 노화와 사회구조 등으로 일정연령이 되면 은퇴할 수밖에 없다.

어쨌든 은퇴를 하고 나면 근로활동을 할 수 없어 소득이 단절되거나 급격하게 줄어든다. 옛날에는 자식에 의한 부양을 기대할 수 있었지만 현대사회에서는 아무리 돈을 들여 자식농사를 잘 지었다 하더라도 그것을 기대하기 어렵다. 모든 것을 자식에게 투자하고 무일푼이 된 노년은 포커게임에서 올인(all in)한 경우와 다를 바 없고, 결국 개밥의 도토리 신세가 되기 십상이다.

그렇다면 길고 긴 30년 세월을 어떻게 살아가야 할까? 그 답은 바로 연금제도에 있다. 노년기에 직면하게 되는 빈곤문제를 국가적인 차원에서 해결하기 위해 도입한 공적연금제도가 바로 그것이다.

자본주의 경제체제는 개인의 책임을 기본이념으로 하고 있으나 개인이 통제할 수 없는 사회·경제적인 힘이 비자발적인 소득상실을 초래해, 자신의 생활을 자기소득에만 전적으로 의존할 수 없게 되었다.

또한 옛날에는 주로 가족 안에서 자식들이 노인을 부양했지만 산업화와 핵가족화의 영향으로 가족에 의한 부양이 어렵게 되었다. 이와 같은 비자발적인 소득상실의 위험으로부터 사람들을 보호하고, 또 가족에 의한 부양체제의 약화를 보완하기 위한 것이 국가가 공적연금제도를 도입하게 된 배경이다.

현대사회에서 노년기의 기본적인 경제 안정은 연금제도가 책임진다. 가장 확실한 노후대비는 평생 현역이라지만 사실상 어렵다. 안정적으로 나오는 연금이야말로 노년기 30년을 사람답게 살 수 있는 든든한 기둥이다. 소중한 인생의 마지막 날들이 만족스럽고 충만하려면 성공적 노화(successful aging)를 준비해야 하는데 연금이 없다면 만만치 않다.

동물들은 현재와 과거 속에 사는 반면, 인간은 앞으로 일어날 일을 예측하면서 살아간다고 한다. 그래서 노후대비 연금제도를 마련해 놓고 미래의 수확을 예상하며 씨를 뿌리고 있는 것이다.

인생 100세시대, 노년의 삶에서 연금을 떼어놓고 생각할 수 없다.

연금을 알아야 한다. 매달 통장에 들어오는 돈만 확인할 것이 아니라 연금제도에 대한 이해의 폭을 넓히면서 소중한 연금과 소통해야 한다.

그래서 제1장에서는 연금제도 가입자들에게 필요한 다양한 정보들을 정리한다. 우리나라의 공적연금을 소개하고, 연금수급과 관련해서 꼭 알아야 할 사항들을 짚어준다. 또한 연금제도에 관해 일반적으로 가질 수 있는 궁금증들을 벗겨 주는 코너를 마련했다.

그런데 현재의 연금제도가 장기적으로도 유지될 수 있을까? 우리들의 노후를 지금의 연금제도에 믿고 맡겨도 될까? 요즈음 공무원, 군인이나 사립학교교직원 등의 직역연금수급자들은 "매달 나오는 연금 덕택에 놀고 있는 실업자라는 생각을 해본 적이 없다. 연금에 노부부 두 사람의 목숨이 달려 있다"며 고마움을 표시하면서도 "부디 죽는 날까지 배신하지 말고 지금 같이 주길 바란다. 연금 깎는다는 불안한 소리들은 제발 하지 말아 달라"고 한다. 국민연금은 아직 제도가 일천해 제대로 된 연금을 받을 수 없지만, "울며 겨자 먹기 식으로 보험료를 냈어도 얼마간의 연금을 매달 받고 보니 지금은 자식 몇 있는 것보다 낫다"는 얘기를 하기도 한다. 이들도 역시 적지만 지금 수준의 연금이라도 변치 말고 계속 나오기를 기대할 것이다.

연금 약속, 과연 이대로 지켜질까? 제2장에서는 먼저 공적연금제도를 이해할 수 있는 연금상식들을 소개한 후 연금운영이 어려운 여러 가지 이유들을 짚어본다. 그리고 이러한 어려움을 헤쳐 나가는 발판으로 다른 나라 연금 이야기를 살펴본 후, 우리들은 물론 우리들의 자식들도 공적연금으로 노후를 보낼 수 있도록 고민해보는 '같이 생각해보는 연금 이슈'와 함께, '믿을 수 있는 연금 약속'이라는 주제로 소결론을 다루고자 한다.

민감하고 불편할 수도 있는 주제라서 당초 집필의도에도 불구하고 실제 우리나라의 연금문제를 제대로 다루지 못하는 아쉬움이 있다. 인간은 아직 알지 못하는 것을 대할 때 가장 큰 두려움을 느낀다고 한다. 그 미지의 것이 적대적인 존재일지라도 일단 정체가 밝혀지면 안도감을 느끼게 되지만 그렇지 못하면 상상을 통해 두려움을 부풀리는 과정이 촉발될 수 있다. 다른 기회에 우리나라 공적연금의 실상과 미래전망, 정책과제들을 함께 이야기할 수 있게 되기를 기대한다.

마지막 제3장에서는 '은퇴, 일하는 노년'이라는 주제를 다룬다. 요즘 흔히 말하는 은퇴기의 생활자금을 현역활동 중에 어떻게 준비하는가에 초점을 맞춘 은퇴설계의 개념은 바뀌어야 한다. 이러한 은퇴설계로는 성공적인 노년을 살아갈 수 없다.

사람이 연금만 바라보고 마냥 쉴 수는 없지 않은가? 그것이 결코 행복한 삶은 아닐 것이다. 은퇴는 여가의 시작이 아니다. 가치 있는 일을 세상에 보내는 '일하는 노년'을 은퇴설계의 중심에 두어야 한다. 이런 의미에서 '은퇴하지 않고 일하기', 은퇴생활에 도움이 되는 '은퇴생활지원 프로그램', 은퇴 후의 가치 있는 삶을 위한 '은퇴, 나는 어디로 가지?'를 주제로 엮어간다.

오랫동안 연금제도를 운영한 경험을 바탕으로 독자들에게 다가가려 하지만 보통의 은퇴자들에게는 처음 듣는 이야기일 수 있어 만만치 않을 것이라고 실토한다. 그리고 필자가 말하고 싶은 것과 독자들이 알고 싶은 것 사이에 많은 차이가 있을 것을 알기 때문에 두려움도 크다. 그럼에도 불구하고 인생 100세시대를 내다보면서 연금은 너무나 소중한 주제이기에 이 책을 내놓는다.

CONTENTS

제 1장 고마워요, 연금 선물

O1 | 내 연금제도 알아보기

O2 | 연금, 어떻게 받아야 하나?

만들어 가는 연금 약속

# 은퇴, 일하는 노년

고마워요,
연금 선물

01 / 내 연금제도 알아보기[1]

우리나라 연금체계

　우리나라의 노후소득보장체계는 도표에서 보듯 3층으로 구성되어 있다. 1층은 공적연금제도로 국민연금, 직역연금, 기초노령연금, 장애인연금이 있다. 2층은 기업연금제도로 민간기업의 퇴직금과 특수직역의 퇴직수당이 있다. 그리고 3층에는 세제혜택이 있는 개인연금제도가 있다.

　1층의 공적연금은 우리나라의 전체 경제활동인구를 포괄하고 있다. 이는 다시 일반국민을 적용대상으로 하는 국민연금과 특수직역 종사자를 적용대상으로 하는 특수직역연금으로 구분된다. 국민연금제도는 특수직역연금제도의 적용대상을 제외한 18세 이상 60세 미만

3층	개인연금			
2층 기업연금	퇴직수당	퇴직(연)금		
1층 공적연금	직역연금 (공무원, 군인, 사학교직원)	국민연금		기초노령연금 장애인연금
	특수직역종사자	민간피용자	자영자	비경제활동자

의 일반국민을 적용대상으로 한다. 특수직역연금제도는 공무원을 적용대상으로 하는 공무원연금제도, 직업군인을 적용대상으로 하는 군인연금제도, 사립학교교원과 사무직원을 적용대상으로 하는 사립학교교직원연금제도가 있으며, 별정우체국직원을 위한 소규모의 연금제도가 별도로 운영되고 있다.

우리나라의 공적연금제도는 특수직역에 대해 먼저 점차적으로 시행된 후 일반국민으로 확산되었다. 공무원과 군인을 적용대상으로 하는 공무원연금제도가 1960년에 제일 먼저 도입되었고, 1963년에 군인연금제도가 공무원연금제도에서 분리되었다. 1975년에는 사립학교교직원연금제도가 도입되었고, 1982년에 별정우체국직원연금제도가 도입되었다.

특수직역종사자를 제외한 일반국민을 대상으로 하는 국민연금제도는 1988년에 와서야 도입되었다. 제도 도입 당시 10인 이상 사업장 근로자를 대상으로 도입되어 점차 그 대상을 확대하다 2003년 7월부터 근로자 1인 이상인 법인 및 전문 직종 사업장도 의무적으로 가입하도록 확대 적용함에 따라 이른바 전 국민 연금시대가 도래했다.

이상의 공적연금은 기본적으로 보험료의 납부를 전제로 연금을 제공한다. 그러나 생애기간 동안 소득활동이 적어 제도로부터 소외되었거나 특히 국민연금제도의 도입이 일천해 연금 사각지대에 있는

4대 공적연금제도 운영 현황 (2011년 말 기준)

구분	공무원연금	군인연금	사학연금	국민연금
근거법률	공무원연금법 (1960년)	군인연금법 (1963년)	사립학교교직원 연금법(1975년)	국민연금법 (1988년)
가입대상	국가·지방 공무원	장기부사관 및 장교	사립학교교원 및 사무직원	18세 이상 60세 미만 국민
보험료율	국가 7.0% +보전금 공무원 7.0% *과세소득기준	국가 8.5% +보전금 군인 8.5% *보수월액기준	국가 2.883% 법인 4.117% 개인 7.0% *과세소득기준	사용자 4.5% 근로자 4.5% *과세소득기준
가입자	1,057,958명	168,000명	272,899명	19,885,911명
연금수급자 (부양률)	326,510명 (30.9%)	76,000명 (48.1%)	40,556명 (14.9%)	3,166,983명 (15.9%)
주무부처	행정안전부	국방부	교육과학기술부	보건복지부
관리기관	공무원연금공단	국방부	사립학교교직원 연금공단	국민연금공단

현세대 노인빈곤문제를 해결하기 위해 2008년에 기초노령연금제도가 시행되었고, 장애인연금이 2010년 7월에 시행되었다. 이들 연금은 보험료 납부 없이 조세를 재원으로 지급되며, 사회보험방식의 공적연금을 보완하는 기능을 수행하고 있다.

2층의 기업연금제도는 민간기업 종사자를 대상으로 일시금 형태의 강제퇴직금제도가 1961년 근로기준법을 근거로 먼저 도입된 후 2005년 12월에 근로자퇴직급여보장법에 의한 퇴직급여제도로 새롭게 도입되었다. 이 제도는 기존의 퇴직금제도가 인구고령화와 노동시장 여건변화에 대응하기 어려울 뿐만 아니라 기업이 도산했을 때 근로자 수급권 보호가 미흡하다는 점을 고려해 도입되었다.

퇴직급여제도는 아직 종전의 퇴직금과 임의선택사항으로 되어 있어 제도정착에는 시간이 좀 걸릴 것으로 보인다. 한편, 공무원 등 특수직역 종사자에 대해서는 민간의 퇴직금에 해당하는 퇴직수당을 1991년에 도입했지만 금액도 적고 일시금으로만 지급되기 때문에 기업연금으로서의 면모를 갖추고 있지 못하다.

3층의 개인연금제도는 세제혜택이라는 유인을 통하여 개인이 스스로 노후대비를 할 수 있게 마련된 제도다. 1995년부터 시행되었으며, 2층의 퇴직연금과 함께 사적 노후보장의 한 축을 담당하고 있다.

일반국민이 받는 국민연금

1) 제도 연혁

국민연금제도는 경제성장을 중시하는 국가정책의 우선순위에 밀려 취약한 상태로 남겨져 있던 근로계층의 노후생활을 제도적으로 보장하기 위해 1973년 말 입법이 추진되었다. 그러나 그 이후 2차에 걸친 유류파동과 그로 인한 경제적 침체 등으로 제도 시행이 유보되었다.

그러다가 1988년에 비로소 10인 이상 사업장의 근로자를 당연적용 대상으로 하여 본격적으로 실시했다. 그 이후 적용대상을 단계적으로 넓혀 1992년에는 5~9인 이상의 사업장 근로자, 1995년에는 농어민 및 농어촌지역 자영업자, 1999년 4월부터는 5인 미만 사업장의 근로자와 사용자, 임시직 근로자, 도시자영업자들도 당연 가입하도록 했다. 2003년 7월부터는 근로자 1인 이상인 법인 및 전문직종 사업장도 의무적으로 가입하도록 확대해 오늘에 이르고 있다.

2) 제도 특성

국민연금제도는 사회보험방식의 공적연금으로 제도의 가입대상에 해당되면 누구나 가입해야 하는 강제적 성격을 지닌다. 즉 공무원, 군인 및 사립학교교직원 등과 같은 특수직역에 종사하는 자를 제외한 모든 국민을 단일의 연금체계에 편입시켜 운영하는 강제적·일반적인 방법을 채택하고 있다.

국민연금제도의 또 다른 특징으로는 소득재분배를 통하여 사회통합 및 안정에 기여하고 있는 점을 들 수 있다. 즉 국민연금제도는 급여의 계산에 있어서 본인의 소득뿐 아니라 가입자 전체의 소득평균값을 반영함으로써 연금제도를 통해 계층 간 소득 재분배가 이루어지도록 하고 있다. 또한, 국민연금제도는 노사 공동부담의 기여형제도이며, 급여의 지급수준이 법률에 의해 미리 규정된 확정급여형제도로써 재정방식은 부분적립방식을 채택하고 있다.

3) 가입대상자

국민연금제도의 가입대상은 국내에 거주하는 18세 이상 60세 미만의 국민이며, 크게 당연가입자와 임의가입자로 구분된다.

먼저 당연가입자는 사업장가입자와 지역가입자로 구분되며, 임의가입자는 사업장가입자 및 지역가입자 외의 자로서 본인의 신청에 의해 가입한 자를 말한다. 그러나 국민연금의 경우 직역연금과는 달리 소득활동이 노출되지 않아 적용이 제외되는 경우와 소득이 없어 납부예외 상태인 경우가 있다.

4) 연금재정 운영

국민연금제도 가입자의 보험료율은 국민경제 상황과 피보험자의 부담능력을 감안하여 단계적으로 인상하고 있다. 보험료의 부담주체는 가입종별에 따라 상이하게 적용된다.

사업장가입자의 경우 1988~1992년에는 제도가입자 소득월액의 3%를 노사가 각각 절반씩 분담했으며, 1993~1997년간은 6%를 노사가 각각 2%씩, 그리고 기업의 퇴직금준비금에서 나머지 2%를 전환하도록 제도화했다. 1998~1999년 3월까지는 보험료율을 9%로 인상해서 노사 및 퇴직금전환금에서 각 3%씩을 부담했다.

1999년 4월 이후에는 퇴직금전환금에서 납부하는 제도를 폐지하고 근로자와 사용자가 각각 4.5%씩 부담하도록 변경하여 현재까지 유지하고 있다. 반면 지역가입자 및 임의가입자, 임의계속가입자의 경우에는 가입자 본인이 전액을 부담하되, 연도별로 보험료율을 점차 상향조정하여 2005년 7월 이후 사업장가입자 수준인 총 9%이다.

한편, 국민연금제도는 실시 초기부터 기금을 적립하는 형태로 재정을 운영하고 있다. 그러나 연금급여 책임준비금을 100% 적립하는 완전적립방식이 아닌 부분적립방식(partial funding)을 채택하고 있어

제도가 성숙된 이후에는 부과방식(pay-as-you-go system)으로 전환될 수밖에 없다. 이제 제도 도입 20여 년이 흘러 완전노령연금 수급권자가 발생되고 있지만, 아직 본격적인 연금지출이 이루어지지 않아 상당기간 동안 기금이 증가할 것으로 예상된다.

5) 연금급여

국민연금제도의 급여는 노령, 장애, 유족연금 등 3종의 연금이 있다. 중도에 탈퇴하는 가입자를 위한 반환일시금제도와 장애일시금, 사망일시금으로 구성되어 있다.

국민연금의 가장 기본적인 급여는 노령연금이다. 노령연금은 60세에 달한 20년 이상 가입자에게 연금수급권이 부여된다. 가입기간 10년 이상 20년 미만인 자가 60세에 달한 때에는 감액노령연금이 지급된다. 참고로 현행 연금지급 개시연령 60세는 2013년부터 5년 단위로 1세씩 연장되어 2033년부터 65세가 된다.

노령연금의 급여수준은 기본연금액에다 부양가족연금액을 합해 결정되는데, 40년 가입한 평균소득자의 경우 생애소득대체율이 2008년 50%에서 매년 0.5%씩 줄어들어 2028년부터 40%가 되도록 규정하고 있다.

기본연금액 = 1.2×(A+B)×(1+n/240)

- 1.2 : 2028년 기준 40년 가입 A값과 동일한 평균소득을 가진 자가 소득대체율 40%가 되게 하는 상수

  (2008년 소득대체율 50%에서 매년 0.5%씩 하락하므로 상수 1.2에 5/4, 4.95/4…를 곱하여 2008년부터 적용)

- A : 연금수급 전 3년간의 가입자 전체의 평균소득월액의 평균액

  (균등부분으로 소득재분배 기능)

- B : 개인의 전체 가입기간 동안의 평균소득월액(소득비례 부분)

- 1 : 20년 가입

- n : 20년 초과 가입기간월수(40년 가입의 경우 n/240=1)

한편, 40년 가입자의 소득대체율이 1988~1998년까지 70%, 1999~2007년까지 60%였다. 이 기간에 대해서는 종전의 산식을 적용토록 하고 있다. 종전 기간에 대한 기본연금 산식은 다음과 같다.

1988~1998년 기본연금액 : 2.4(A+0.75B)×(1+n/240)

1999~2007년 기본연금액 : 1.8×(A+B)×(1+n/240)

부양가족연금은 수급권자에 의하여 생계를 유지하는 배우자, 18세 미만 또는 장애2급 이상 자녀, 60세 이상 또는 장애2급 이상 부모에 대해 지급하는 정액의 급여를 말한다.

그리고 국민연금에는 다양한 형태의 노령연금이 지급된다. 즉 가입기간 10년 이상 20년 미만인 경우의 감액노령연금, 65세 이전에 소득이 있는 업무에 종사하는 경우의 재직자노령연금, 재직자노령연금수급자가 연금수급을 연기한 경우의 연기노령연금, 55세 이상인 자가 60세에 도달하기 전에 청구한 경우의 조기노령연금, 이혼한 경우 혼인기간에 발생한 연금액을 반분하는 분할노령연금 등이 있다.

장애연금은 국민연금 가입자가 질병이나 부상으로 장애를 입어 노동능력이 상실 또는 감소된 경우에 생계안정을 위해 지급하는 급여로 장애 정도(1~4급)에 따라 지급된다. 장애연금액의 지급수준을 보면, 1급에서 3급까지는 장애 상태에 있는 동안 장애등급에 따라 기본연금액의 100%에서 60%가 매월 지급되며, 4급의 경우에는 기본연금액의 225%가 일시보상금으로 지급된다.

유족연금은 노령연금수급자, 가입기간이 10년 이상인 가입자이었던 자 또는 장애등급 2급 이상에 해당하는 장애연금수급권자가 사망한 때에 그 유족에게 지급된다. 유족연금액의 지급수준은 가입기간에 따라 기본연금액의 40%에서 60%며, 부양가족연금액이 별도로 지급된다.

이 밖에 연금수급 자격이 충족되지 못하는 경우에 그동안 납입했던 보험료를 이자와 함께 환급해주는 반환일시금제도가 있으며, 가입자 또는 가입자이었던 자가 사망했으나 유족연금 또는 반환일시금을 지급받을 수 있는 자가 없는 경우에 생계를 같이 하던 자에게 일정금액을 지급하는 사망일시금제도가 있다.

직업공무원이 받는 공무원연금

1) 제도 연혁

공무원연금제도는 대한민국 정부 수립 이듬해인 1949년 국가공무원법이 제정되면서 제도 도입 근거가 마련되었다. 그러나 뒤이은 6.25전쟁으로 인한 국내사정 혼란, 악성 인플레이션, 재정궁핍 등으로 실천에 옮겨지지 못하다가 1960년 1월 공무원연금법이 제정됨으로써 창설되었다. 제도도입과 함께 퇴직연금 등 5종의 장기급여가 실시되었고, 1962년에 요양비, 분만비, 장제비 등의 단기급여가 신설되었으며, 공무상 재해에 대한 보상제도가 체계화되었다.

1960년대 중반부터 1980년대까지 정부는 국가 주도의 경제개발 전략을 실시하면서 관료제를 구성하는 공무원의 유인책으로 퇴직급여를 비롯한 각종 연금급여를 지속적으로 인상하거나 확대해왔다. 1966년부터는 연금기금으로 제도가입자에 대한 대부와 주택사업을 실시했다. 1982년 공무원연금공단 설립 이후에는 연금매점, 체육시설, 휴양시설 등 후생복지시설사업까지 활발하게 추진했다. 이로써 공무원연금제도는 단순한 연금보험뿐만 아니라 산재보험, 근로복지 등 공무원에 대한 종합복지프로그램으로써의 성격을 갖추게 되었다.

1990년대에 들어와서는 연금제도의 성숙과 함께 찾아온 재정위기 때문에 그간의 수혜 위주 연금정책에 대한 반성과 함께 재정안정화를 위한 제도개선에 관심을 가지기 시작했다. 1995년에는 연금회계의 적자와 함께 기금잠식이 예견되는 상황에서 보험료율 인상과 연금지급 개시연령의 신설 등 연금재정 안정화를 위한 1차 제도개선이 있었다.

1998년부터는 정부의 구조조정에 따른 퇴직자 증가 등으로 다시 심각한 적자국면으로 전환되면서 30년 가까이 적립해온 6조 원 이상의 연금기금이 불과 3년 만에 고갈위기를 맞게 되어 수급부담구조 개선과 연금적자를 정부가 보전하는 2000년 제도 개혁을 단행했다. 그 후 2009년에 와서 연금수지 개선을 위한 3차 제도 개혁이 있었는데, 2000년에 정부가 책임(open-ended liability)을 지는 보전제도가 도입되었지만 정부보전금이 지속적으로 늘어나면서 장래를 위해 제도 개혁을 할 수밖에 없었다.

2) 제도 특성

우리나라는 1960년대 이후 국가발전의 견인차로 공무원의 역할이
강조되어 왔다. 또한 공무원의 인사제도도 직업공무원제도를 근간으
로 운영되어 왔다.

직업공무원제도는 젊고 유능한 인재가 공직에 들어와서 공직을 일
생의 본업으로 생각하고 일할 수 있도록 계획된 인사제도를 말한다. 따
라서 직업공무원제도의 확립요건으로 공직에 대한 높은 사회적 평가
와 능력 발전은 물론, 안심하고 직무에 전념할 수 있도록 보수의 적정
화와 함께 신분에 맞는 특별한 연금보장이 필요하다. 이러한 의미에서
공무원연금은 사회보험 형태를 띠고 있으면서도 부양제도적인 성격이
강하게 배어 있다. 현대국가에서 공무원연금이 부양제도인지 사회보
험인지는 명확하지 않으며, 대체로 혼합된 형태로 운영되고 있다.

우리나라 공무원연금제도가 가지고 있는 또 다른 특징은 가입자에
대한 종합적인 사회보장기능을 수행하는 제도라는 데 있다. 공적연
금의 주된 기능인 소득보장프로그램뿐만 아니라 민간의 퇴직금에 해
당하는 퇴직수당제도, 근로재해에 대한 보상제도, 부조적인 성격의
급여, 그리고 후생복지사업 등 다양한 보장프로그램을 함께 가지고
있다. 즉 공적연금과 사적연금, 산재보험, 공제제도 및 근로복지제도
를 총괄하고 있는 것이 공무원연금제도인 것이다.

3) 가입대상자

공무원연금제도는 공무원으로 장기간 성실히 재직하고 퇴직한 사람들의 노후소득보장을 목적으로 하기 때문에 그 적용대상을 장기근속을 전제로 하는 직업공무원을 원칙으로 하고 있다. 이에 따라 국가공무원법 및 지방공무원법에 의한 정규직 공무원과 청원경찰, 청원산림보호직원, 위원회 등의 상임위원과 전임직원, 기타 국가 또는 지방자치단체의 정규공무원 이외의 직원으로서 수행업무의 계속성과 매월 정액의 보수지급 여부 등을 참작하여 행정안전부장관이 인정하는 자를 가입대상으로 규정하고 있다.

다만, 국가공무원과 지방공무원 중 군인과 선거에 의해 취임하는 공무원은 적용이 제외된다. 군인은 복무의 특수성을 이유로 별도의 군인연금법을 적용받고 있으며, 대통령의 연금은 전직 대통령 예우에 관한 법률의 적용을 받고 있다.

국회의원, 지방자치단체장, 지방의회의원 등은 공무원연금제도의 적용을 받지 못하면서 별도의 연금제도가 없어 일반국민을 대상으로 하는 국민연금법의 적용을 받고 있다. 참고로 국회의원의 경우 대한민국헌정회 육성법에 따라 국가 또는 지방자치단체의 보조금 등을 재원으로 특별연금을 지급하고 있지만 공적연금으로 보기는 어렵다.

4) 재정운영

공무원연금은 급여지급에 필요한 책임준비금으로 연금기금을 조성하여 운용하고 있기 때문에 적립방식에 기초하여 연금재정을 운영하는 것으로 보인다. 그러나 급여에 드는 비용은 적어도 5년마다 다시 계산하여 재정적 균형이 유지되도록 해야 하고, 급여자금 부족액을 국가와 지방자치단체가 전액 보전토록 규정하고 있기 때문에 연금채무 전액을 준비금으로 보유하는 완전적립방식으로 운영되는 것은 아니다. 매년 연금적자를 정부보전에 의존하고 있는 현실을 감안한다면 실제로는 부과방식(pay-as-you-go system)으로 운영되고 있는 것으로 이해하는 것이 옳다.

제도 발족 당시 설정했던 보수월액의 2.3%에 해당하는 보험료를 1969년 3.5%, 1970년 5.5%, 1996년 6.5%, 1999년 7.5%, 2001년 8.5%, 이어서 2010년에 기준소득월액의 6.3%(보수월액 기준 9.7%), 2011년 6.7%, 2012년 7.0%까지 단계적으로 인상하면서 약간의 기금을 보유하는 방식을 취해온 것을 보면 부분적립방식(partially funded system)으로 재정을 운영했다는 것을 알 수 있다.

부분적립방식제도는 시간이 지나면서 결국 그때 그때 필요한 만큼 비용을 징수하는 부과방식으로 전환될 수밖에 없다. 2001년 이후부터는 약간의 지불준비금을 보유한 채 부과방식으로 운영되고 있는 것이

다. 공무원연금제도에서 함께 운영하고 있는 퇴직수당과 재해보상급여
의 운영을 위한 재정방식은 준비기금 없이 완전한 부과방식으로 운영
되고 있으며, 매년 필요한 만큼의 비용을 국가와 지방자치단체가 부담
한다.

5) 연금급여

공무원연금제도는 공무원이 퇴직하거나 사망해 소득을 상실했을
때 그 소득을 보장해주기 위해 퇴직급여와 유족급여를 지급하고 있
다. 20년 미만 재직한 자에 대해서는 퇴직 또는 사망한 때에 일정액을
일시금으로 지급하고, 20년 이상 재직한 자에 대해서는 연금, 일시금
또는 공제일시금 중에서 본인이 선택해 받을 수 있게 하고 있다.

이 경우 연금은 퇴직자 또는 그 유족이 생존하고 있는 동안 매월 기
준소득의 일정비율을 지급하게 된다. 참고로 공무원연금에는 공적연
금이 보편적으로 실시하고 있는 일반장애로 인한 연금급여가 없는
것이 특징이다.

퇴직연금은 2009년 제도변경으로 2009년 이전 기간과 2010년 이
후 기간에 대해 각각 별도로 계산한 연금액을 더해야 한다. 제도개선
을 하면서 기대권 보장을 위해 종전 기간에 대한 연금은 종전산식을
적용토록 했기 때문이다.

퇴직연금 = 2009년 이전 기간 연금(a) + 2010년 이후 기간 연금(b)

a : (평균보수월액×500/1,000)+(평균보수월액×20년 초과재직
　연수×20/1,000)

　* 종전 기간 20년 이하 = 평균보수월액×재직연수×25/1,000

b : 평균기준소득월액×재직연수×19/1,000

주) 기준소득은 근로소득총액, 보수월액은 기준소득의 65% 수준인 기본급이며, 평균보수
　월액은 최종3년 평균, 평균기준소득월액은 전 가입기간 평균

퇴직연금에 갈음하여 일시금을 원할 때에는 퇴직연금일시금을 지급하는데, 그 지급산식은 다음과 같다. 참고로 퇴직연금일시금은 생존기간 동안 받을 수 있는 퇴직연금 총수급액에 훨씬 미치지 못하며, 보통 1/3 정도에 불과하다.

퇴직연금일시금 = 2009년 이전 기간 금액(a) + 2010년 이후 기간 금액(b)

a : (보수월액×재직연수×150/100)+

　(보수월액×재직연수×5년 초과재직연수×1/100)

b : (기준소득월액×재직연수×975/1,000)+

　(기준소득월액×재직연수×5년 초과재직연수×65/10,000)

　퇴직연금공제일시금은 전체 재직기간 중 20년 이상의 일부기간은 연금으로 받고 나머지 기간에 대해 일시금으로 받는 것이다. 산식은 퇴직연금일시금과 거의 같다. 20년 미만 재직한 자에 대한 퇴직일시금도 20년 이상 재직자의 퇴직연금일시금 산식과 같다.

　다만 5년 미만 재직한 경우에는 2009년 이전 기간은 '보수월액 × 재직연수 × 1.2'이고 2010년 이후 기간은 '기준소득월액 × 재직연수 × 78/100'이다.

　유족연금은 퇴직연금수급권자가 사망한 경우에 그에 의하여 부양되었던 유족에게 퇴직연금액의 70%에 상당하는 금액을 지급하되, 2010년 이후 임용된 공무원은 60%를 지급한다. 재직 중 사망한 경우에는 퇴직연금일시금의 1/4에 상당하는 유족연금부가금을 추가로 지급하고, 퇴직연금수급자가 퇴직 후 3년 이내에 사망한 때에는 '퇴직연금일시금 × 1/4 × (36-퇴직연금수급월수)/36'에 상당하는 유족연금특별부가금을 지급한다.

　한편, 공무원이 재직 중 사망하여 유족연금 대신에 일시금을 받고자 할 때에는 퇴직연금일시금과 같은 금액의 유족연금일시금을 지급한다. 20년 미만 재직자의 경우에는 퇴직일시금과 같은 금액의 유족일시금을 지급한다.

　공무원연금은 연금급여 이외에도 다양한 급여를 실시한다. 퇴직수당은 민간기업의 퇴직금제도에 상응하는 급여다. 1년 이상 재직하고 퇴직 또는 사망한 때 지급한다. 20년 이상 재직한 경우 재직연수 매 1년당 기준소득월액의 39%(단, 2009년 이전 재직기간에 대해서는 보수월액의 60%)에 상당하는 금액을 지급하고, 20년 미만은 재직기간별로 더 낮은 지급률이 적용된다.

공무원의 경우 퇴직연금이 국민연금의 노령연금보다 많은 반면, 퇴직수당은 민간의 퇴직금보다 적다. 재해보상급여는 공무원의 근로재해에 대해 사용자인 국가나 지방자치단체가 보상적 차원에서 지급하는 급여로 민간의 산재보험에 해당된다.

공무원이 공무상 질병이나 부상으로 인해 요양할 때는 공무상요양비를 지급하고, 장애 상태로 퇴직했을 때는 장해연금이나 장해보상금을 지급하며, 사망했을 때는 유족연금이나 유족보상금을 지급한다. 아울러 고도의 위험을 무릅쓰고 국민의 생명과 재산을 보호하기 위한 직무를 수행하다가 입은 위해로 인하여 순직한 공무원 유족에 대해서는 특별보상으로 순직유족연금과 순직유족보상금을 지급한다.

그 밖에 공무원연금은 국가나 지방자치단체가 비용을 부담하는 부조적인 성격의 재해부조금과 사망조위금을 지급한다. 재해부조금은 공무원이 수재·화재, 기타 재해로 인해 재산에 손해를 입은 때 지급하고, 사망조위금은 공무원 본인이나 배우자·부모 또는 자녀 등이 사망한 때에 지급한다.

직업군인이 받는 군인연금

군인은 당초 공무원연금법의 적용을 받아오다가 군인 신분의 특수성을 고려해서 1963년 군인연금법을 별도로 제정함으로써 직업군인을 대상으로 하는 별도의 군인연금제도가 실시되었다.

군인연금제도는 사회보험적인 성격과 부양제도적인 성격이 혼재되어 있으나, 국가보상제도로서의 특성이 강한 것이 공무원연금과 다르다. 군인연금은 재원조달이나 연금급여 등에 있어서 공무원연금과 거의 동일한 체계를 지니고 있지만 부분적으로 약간의 차이가 있다. 여기서는 공무원연금제도와의 차이점에 대해서만 간략하게 언급하기로 한다.

첫째, 가입기간 계산에서 군 복무의 특수성을 인정하고 있다. 군인연금제도의 기본복무기간은 공무원연금제도와 같이 임명된 날이 속하는 달부터 퇴역한 날의 전날 또는 사망한 날이 속하는 달까지의 연월 수에 의하도록 하고 있지만, 전투에 종사한 기간은 기본재직기간에다 2배를 가산하여 총 3배로 계산하도록 규정하고 있다. 이는 전투종사에 대한 국가보상적인 성격을 반영한 것으로 군인연금제도가 갖는 특수성을 잘 나타내주고 있다.

둘째, 군인연금제도에서는 퇴역연금 지급에 있어 연금지급개시연령을 두지 않고 연금수급을 위한 최소가입기간 요건만 충족하면 퇴역 후 바로 연금을 지급한다. 공무원연금의 경우 1995년에 연금지급 개시연령을 설정한 후 2000년, 2009년 개혁과정에서 지속적으로 개시연령을 강화해 나가고 있다.

셋째, 군인연금제도가 공무원연금제도와 큰 차이를 보이는 부분은 공무상 사망 또는 재해를 당한 경우의 급여지급이다. 퇴역연금이나 상이연금 수급권자가 사망한 때 해당연금의 70%에 상당하는 유족연금을 지급하거나 복무 중 사망한 자의 유족이 원할 경우 유족연금일시금을 지급하는 것, 그리고 20년 미만 재직한 자가 사망한 경우의 유족일시금은 공무원연금과 같다.

공무상 질병 또는 부상으로 인하여 복무 중에 사망한 때에는 20년 미만 복무한 자인 경우 보수월액의 65%, 20년 이상 복무한 자인 경우 보수월액의 55%에 해당하는 유족연금을 지급한다. 이는 과거 공무원연금에는 없는 특별한 제도였으나 2010년 공무원연금에서도 도입되었다.

군인이 공무상 질병 또는 부상으로 인하여 폐질상태로 되어 퇴직한 때에는 상이연금과 장애보상금이 지급된다. 상이연금은 공무원연금제도의 장해급여와 유사하지만 다음과 같은 차이점이 있다.

먼저, 공무원연금법에서는 장해급여로 장해연금과 장해보상금(장해연금액의 5년분)을 선택할 수 있으나, 군인연금법에서는 연금형태인 상이연금만을 받을 수 있다. 그리고 공무원연금법에서는 장해연금과 퇴직연금을 동시에 받을 수 있지만 군인연금법에서는 상이연금과 퇴역연금 중 본인에게 유리한 급여를 선택하도록 되어 있다. 다만, 장해상태가 해소되어 상이연금을 지급받지 못하게 될 경우에는 정지되고 있던 퇴역연금을 다시 지급받을 수 있도록 하고 있다.

한편, 급여의 지급기준 및 금액에 있어서 군인연금법에서는 폐질등급에 따라 보수월액의 80%(1급)~50%(7급)에 상당하는 금액의 상이연금을 지급하지만, 공무원연금법에서는 폐질등급의 간격을 더 확대하여 기준소득월액의 52%(1급)~9.75%(14급)에 상당하는 금액을 장해연금으로 매월 지급한다.

참고로 보수월액은 수당 등이 제외되어 기준소득월액의 65/100에 상당하는 금액이다. 군인연금에서는 상이연금과 함께 폐질등급 1~3급에 한하여 장애보상금을 보수월액의 6~12배를 추가적으로 지급하고 있다. 복무 중에 사망한 경우 공무상 사망인 때에는 보수월액의 36배에 상당하는 사망보상금(공무원연금의 경우 기준소득월액의 23.4배에 상당하는 유족보상금)이 지급된다. 다만, 공무 외의 일반사망일 때는 군인연금에서는 보수월액의 12배에 상당하는 사망보상금이 지급되지만 공무원연금에서는 이 경우 보상금이 없다.

넷째, 비용부담방식에서는 기본적으로 공무원연금과 같은 방식을 채택하고 있다. 즉 정부와 가입자가 각각 보수의 8.5%에 상당하는 비용을 부담하고, 연금적자에 대해서는 정부가 추가 부담하는 방식을 채택하고 있다.

다만, 공무원연금은 당해 연도의 기여금과 부담금 수입을 초과하는 급여지출액을 모두 정부가 보전하지만 군인연금은 급여에 소요되는 비용을 기여금·부담금 및 기금운용수익금으로 충당할 수 없는 경우 그 부족한 금액을 국가에서 부담하도록 하고 있어 약간의 차이가 있다.

다섯째, 공무원연금과 사학연금은 연금재정 안정화를 위하여 2009년 말 연금 개혁을 단행해 2010년 이후 재직기간에 대해 연금지급률을 크게 인하했는데, 군인연금은 2012년 8월 현재까지 종전 제도를 그대로 유지하고 있다.

사립학교교직원이 받는 사학연금

사립학교교직원연금제도는 사립 초·중·고등학교, 전문대학 및 대학의 교사와 교수를 대상으로 1975년에 발족되었다. 1978년부터는 학교기관의 사무직을 포함하여 오늘에 이르고 있다. 사학연금은 공무원연금에 비해 15년 늦게 출발한 것 이외에는 연금급여와 재정운영 등 제도내용에 별 차이가 없다.

그러나 비용부담에서는 약간 차이가 있다. 총 보험료 14%와 개인 보험료 7%는 공무원연금과 같지만 사용자의 보험료 7%를 학교법인이 4.117%를 부담하고 나머지 2.883%는 국가가 부담하는 것이 다르다. 국가부담은 사교육이 공교육을 대체하는 기능이 있어 이를 고려한 것으로 보인다. 다만, 사무직원에 대한 사용자 보험료는 7% 전액을 학교법인이 부담한다.

사학연금도 연금수지에 적자가 발생할 경우 국가에서 지원할 수 있는 규정이 있지만 공무원연금과 같이 급여 부족분에 대하여 전액 국가가 보전하는 제도와는 차이가 있다. 공무원연금의 경우 2001년 이후 연금수지 적자보전이 이루어지고 있고, 사학연금은 제도 출발이 늦어 2012년 현재까지 연금수지 적자가 발생되지 않았다.

퇴직수당부담금은 사용자인 학교법인이 부담하는 것이 원칙이지만 학교법인의 재정상태가 개선될 때까지 사립학교교직원연금공단에서 일부를 부담하고 추가 소요액에 대해서는 정부에서 전액 부담하고 있다. 재해보상부담금은 개인부담금 합계액의 454/10,000에 상당하는 금액을 매년 학교법인에서 부담하는 보험료 방식을 채택하고 있는 것이 실제 소요액을 부담하는 공무원연금과 다르다.

일반근로자가 받는 퇴직급여

1) 제도 연혁

우리나라는 1953년 근로기준법 제28조에 근거해 퇴직금제도가 도입되었다. 1961년에는 이 법을 개정해 근속연수 1년 이상 근로자에 대해 30일 이상의 임금을 지급하도록 했으며, 종업원 30인 이상의 기업에 강제 적용하도록 했다. 그 이후 퇴직금 지급방식은 그대로 유지한 채 적용대상 사업장을 확대해 1989년부터는 5인 이상 사업장으로 확대되었다.

이러한 퇴직금제도는 일시금제도가 갖는 한계 때문에 인구 고령화에 대응하기 어려울 뿐 아니라, 퇴직충당금의 장부상 적립 등으로 기업체가 도산했을 때 근로자의 수급권 보장이 어려운 문제점이 있었다.

이에 따라 근로자의 연금수급권을 강화하는 차원에서 2005년 12월 근로자퇴직급여보장법에 의한 퇴직급여제도가 도입되었다. 근로자퇴직급여보장법은 종전의 퇴직금제도를 근로기준법에서 분리해 새로이 도입하는 퇴직연금제와 함께 포괄 규정했다.

2) 퇴직급여 종류

모든 사업장은 퇴직금제 또는 퇴직연금제 중에서 하나 이상의 제도를 설정하여 운영할 수 있다. 이 경우 퇴직급여제도의 선택과 제도 간 변경은 근로자 대표의 동의를 얻어야 하는데, 각 사업장의 여건과 근로자의 선호가 다양하기 때문에 노사가 합의해 선택하도록 한 것이다. 퇴직금은 기존의 근로기준법에 의한 퇴직금과 같이 퇴직할 때 일시불로 지급하는 급여다.

퇴직연금은 연금형태로 지급하는 급여로써 확정급여형(defined benefit)과 확정기여형(defined contribution)이 있다. 확정급여형은 연금급여가 사전에 확정되어 있고 적립금 운용결과에 따라 사용자의 적립부담액이 변동되는 것이다. 확정기여형은 사용자의 부담금이 확정되어 있고 적립금의 운용결과에 따라 연금급여가 변동되는 것이다.

3) 제도의 설계와 운영

퇴직연금제도를 설정하는 경우 근로자 대표의 동의를 얻어 '퇴직연금규약'을 작성해야 한다. 규약을 작성한다는 것은 개별 사업장의 퇴직연금제도를 설계하는 것이다. 규약에는 사업자 선정, 가입자 및 가입기간, 급여의 종류 및 수준, 부담금과 적립금의 운용 등이 규정된다.

적립금의 운용관리 업무는 전문성을 담보하기 위해 퇴직연금사업자에게 위탁해야 한다. 퇴직연금사업자는 보험업법에 의한 보험회사, 은행법에 의한 금융기관, 증권거래법에 의한 증권업 허가를 받은 주식회사 등이다.

4) 개인퇴직계좌

개인퇴직계좌는 직장이동에 따른 단기근속자 증가, 중간정산제도 확산 등으로 퇴직일시금이 노후자금으로 활용되지 못하는 문제점을 해소하기 위해 도입된 제도다. 즉 퇴직급여를 일시금으로 수령한 경우 이 제도를 통해 개인퇴직계좌에 가입함으로써 직장을 옮기더라도 일시금을 계속 적립했다가 은퇴할 때 연금이나 일시금으로 받을 수 있다.

기초노령연금 및 장애인연금

1) 기초노령연금

현재의 노인세대는 격동의 현대사를 거치면서 자녀세대가 잘 살 수 있는 터전을 마련했지만 정작 본인들의 노후대비는 제대로 하지 못한 경우가 많다. 국민연금제도가 늦게 도입되어 아직 성숙단계에 이르지 못했기 때문에 국민연금의 수혜대상에서도 이들은 제외되고 있다. 기초노령연금제도는 이러한 상황에서 저소득 노인세대의 빈곤문제를 해결하기 위해 2008년에 도입되었다.

기초노령연금은 조세를 재원으로 운영되는 공적부조제도로써, 65세 이상 노인 중 자산조사(means test)를 실시해 소득과 재산이 하위 70%에게 매월 일정액의 연금을 지급한다. 하위 70%를 선정하는 소득기준은 2012년 현재 노인 단독의 경우 78만 원, 노인부부의 경우 124.8만 원이다. 여기서 소득기준금액은 소득평가월액에 재산의 소득환산월액(재산가액에 연리 5%로 계산한 월액)을 더하여 산정한다.

기초노령연금의 급여수준은 국민연금가입자 전체소득월액(A값)의 5%에 상당하는 금액이다. 다만, 소득기준금액이 일정금액을 초과할 경우에는 단계적으로 급여가 감액되며, 부부의 경우 각 개인의 연금수령액에 20%를 감한 금액이 지급된다. 참고로 2012년 4월부터 2013년 3월까지 단독수급자는 매월 최고 9만 1,600원, 부부수급자는 매월 최고 15만 1,400원이 지급되며, 소득이 높거나 재산이 많은 경우 감액된 연금을 받게 된다.

기초노령연금의 재원은 국가와 지방자치단체가 공동으로 부담한다. 국가는 기초지방자치단체의 노인인구 비율과 재정자립도를 기준으로 40~90% 범위 안에서 차등 보조한다. 기초노령연금의 지급신청은 주소지 읍·면사무소, 동주민센터 및 가까운 국민연금공단 지사에 해야 한다.

신청자격 및 소득금액 확인 등을 거쳐 신청서를 접수한 후 시·군·구에서 자산조사를 통해서 대상자 선정 및 연금액을 확정하여 지급한다. 국민연금공단에 접수된 신청서는 주소지를 관할하는 읍·면·동에 이송하여 처리된다.[2]

2) 장애인연금

장애인연금은 생활이 어려운 중증장애인의 생활안정 지원과 복지증진 및 사회통합을 도모하기 위해 2010년 7월에 도입되었다. 수급권자는 18세 이상의 중증장애인으로 소득이 일정금액 이하인 사람이다.

장애인연금에는 근로능력의 상실 또는 현저한 감소로 인해 줄어드는 소득을 보전해 주기 위해 지급하는 기초급여와 장애로 인해 추가로 드는 비용의 전부 또는 일부를 보전해 주기 위해 지급하는 부가급여가 있다. 기초급여 수준은 국민연금가입자 전체소득월액(A값)의 5%에 상당하는 금액이다.

다만, 소득기준금액이 일정금액을 초과할 경우에는 단계적으로 급여가 감액되며, 수급권자와 배우자가 모두 기초급여를 받는 경우에는 각각의 기초급여액의 20%를 감한 금액이 지급된다. 또한 기초노령연금 지급대상자에게는 기초급여를 지급하지 않는다. 부가급여액은 월정액으로 하며, 수급권자와 그 배우자의 소득수준 및 장애로 인한 추가비용 등을 고려하여 정한 금액으로 한다.

장애인연금은 수급권자가 관할 특별자치도지사·시장·군수·구청장에게 지급을 신청하거나, 장애인연금을 필요로 하는 사람이 누락되지 않도록 하기 위하여 특별자치도·시·군·구 소속 공무원이 관할 지역에 거주하는 수급권자에 대한 장애인연금의 지급을 신청할 수도 있다.

02 연금, 어떻게 받아야 하나?

연금받는 방법과 수급권 보호

국민연금의 노령연금이나 공무원연금 등 직역연금의 퇴직(퇴역)연금은 연령이나 가입기간 등의 연금수급 요건을 충족했을 때 해당 공단에 청구하면 된다. 이때 급여사유 발생일로부터 5년 이내에 청구해야 하며, 이 기간이 지나면 시효소멸로 연금을 받을 수 없게 된다. 연금은 매달 본인의 금융기관 계좌를 통하여 입금되며, 입금계좌는 본인이 원하는 바에 따라 변경 가능하다.

연금급여를 받을 권리는 일반적인 재산권과는 달리 각자의 의사에 따라 자유롭게 경제거래를 행하는 것을 제한하고 있다. 즉 연금수급권은 양도·압류하거나 금융기관 등에 담보로 제공할 수 없다. 그 이유는 연금제도가 사회보장제도의 기능을 적절하게 수행할 수 있도록 하기 위함이며, 연금수급자의 생활보장을 실질적으로 확보하기 위한 적극적인 조치이다.

이에 관해서는 사회보장기본법 제12조에 "사회보장수급권은 관계 법령에서 정하는 바에 따라 타인에게 양도하거나 담보로 제공할 수 없으며, 이를 압류할 수 없다"라고 규정하고 있다. 또한 이를 기초로 국민연금법 제58조, 공무원연금법 제32조, 군인연금법 제7조, 사립학교교직원연금법 제40조에서 공통적으로 규정하고 있다.

연금수급권의 양도를 금지한다는 것은 연금을 받을 권리가 있는 자가 그 권리를 계약에 의하여 제3자에게 이전하는 것을 금지하는 것이다. 담보제공을 금지한다는 것은 연금수급권이 채무변제의 수단으로 채권자에게 담보로 제공되는 것을 금지하는 것을 말한다. 또한 양도나 담보 등의 형식을 갖추지 않는다 하더라도 실질적으로 이를 위반하는 행위나 간접적으로 동일한 내용을 실현하는 행위도 무효로 봐야 한다.

예를 들어, 채권자가 채권확보 목적으로 연금수령통장과 인감 등을 유치할 수 없다. 아울러 채무자인 연금수급권자가 연금수령통장을 채권자에게 주어 그 수령하는 연금을 채무변제에 충당시킬 것을 약정함과 동시에 완제에 이를 때까지 이를 해제하지 않는다는 특약을 한 경우에도 실질적으로 연금에 대한 질권(質權)[3]을 설정함과 동일한 결과가 되므로 당연히 무효다. 압류금지란 채무자의 연금을 강제집행의 목적물로 압류하는 것을 법률상 또는 재판상 금지하는 것을 말하며, 강제집행으로써의 압류뿐만 아니라 보전처분으로서의 가압류 및 가처분의 경우도 포함된다.[4]

연금이 좋은가, 일시금이 좋은가?

공무원·군인·사립학교교직원 연금의 경우 20년 이상 재직하고 퇴직한 때에 사망할 때까지 매월 연금으로 지급하는 것을 원칙으로 하되 본인이 원할 경우에는 일시금으로도 받을 수 있다.[5] 이때 연금으로 받아야 할지 일시금으로 받아야 할지 고민하게 된다.

첫 번째 고려요소는 생존기대기간이다. 연금은 살아 있는 동안 지급되므로 오래 살면 연금이 유리하고 그렇지 못하면 일시금이 유리하다. 이때 본인의 생존기간뿐만 아니라 유족의 생존기간도 당연히 고려해야 한다.

물가인상률과 이자율 가정에 따라 약간 다르게 나오지만 대략 연금을 7년 정도 받으면 일시금의 원리금과 같은 수준이 된다. 따라서 7년 이상 살면 연금이 유리하고 그렇지 못하면 일시금이 유리하다. 2009년 생명표에 의하면 60세에 은퇴할 경우 기대여명이 23.8세(남자 20.98세, 여자 26.02세)나 되므로 대략 보아도 평균적으로 산다면 연금으로 받을 경우 일시금보다 3배는 더 받게 될 것 같다.

두 번째 고려요소는 개인형편이다. 퇴직시기에 금전적 어려움이 없다면 보통의 경우 연금을 청구할 것이지만, 경제사정이 어려울 경우 할 수 없이 일시금을 선택할 수밖에 없을 것이다. 그러나 연금은 노후를 살아가는 기본생계비이기 때문에 가능한 한 일시금으로 찾아 쓰지 말아야 한다. 빚보증 등으로 연금을 압류당할 것을 우려해서 일시금으로 찾는 경우가 있지만 사회보장급여인 연금은 압류할 수 없도록 규정하고 있기 때문에 압류가 되지 않는다.

연금계좌는 원할 경우 다른 계좌로 변경할 수 있고, 공무원연금의 경우 계좌입금이 아닌 직접수령도 가능하다. 국민연금의 경우에는 통장에 입금된 연금의 일정액까지도 압류할 수 없도록 적극적인 규정을 두고 있다. 따라서 어떤 경우에도 연금으로 받아야 기나긴 여생을 곤란을 당하지 않고 살아갈 수 있다.

간혹 부부가 모두 연금을 받을 수 있는 경우 한 사람은 연금으로 받고 다른 한 사람은 일시금을 받기도 하는데, 이 경우에도 역시 지나고 보면 후회하는 경우가 많다. 그리고 20년 이상 재직기간 중 일정기간을 공제일시금으로 받을 수도 있는데, 퇴직 시기에 특별한 사유가 없는 한 전체기간을 연금으로 받는 것이 낫다. 얼마 지나지 않아서 공제일시금은 사라지고 다른 연금수급자들보다 연금이 작아서 속상하게 될 것이다.

이런 저런 사정이 있겠지만 무엇보다 여생을 돈 걱정 없이 살아가려면 연금을 선택해야 한다. 일시금은 몇 년 보관하기 어렵다. 노후를 멋지게 살아보려고 일시금을 사업 밑천 삼아 한탕 하려는 생각은 무모하다. 그런 것은 날려버려도 먹고 사는데 문제가 없는 여유자금으로 해야 한다. 기나긴 여생을 생각한다면 부디 일시금으로 받아서 불장난 하지 말아야 한다. 세간에 공직 출신자들의 돈은 먼저 보는 사람이 임자라는 말도 있지 않은가?

오랫동안 보지 못한 친구가 한참 만에 나타나서 사업 미끼로 사기해 갈 수도 있다. 아들, 딸들이 부모 돈 냄새를 맡고 반강제로 뺏어가기도 한다. 자식이 달라고 하지 않더라도 많은 은퇴세대들은 매우 온정적이어서 스스로 자식 사업 밑천 대주고 집 늘여 주기를 원한다. 자식들이 목돈 가져갈 때는 매달 연금같이 부모 통장에 생활비를 보내준다고 약속하지만 그런 자식은 거의 없다고 한다. 자식들에게 돈 줄 때도 한꺼번에 목돈으로 줘버리면 생활비 내놓으랄까봐 찾아오지 않지만 매달 조금씩 나누어 주면 돈 받는 맛에 계속 찾아온다는 우스갯소리도 있다.

돈 떨어지고 나면 인생 100세시대에 누가 노후를 책임져줄 것인가? 당연한 얘기를 이렇게 장황하게 늘어놓는 이유는 공무원연금의 경우 연금과 일시금을 선택할 수 있는 사람 중에 아직도 7% 정도가 일시금을 선택하고 있기 때문이다.

그런데 연금을 선택하려고 할 때 큰 걱정이 하나 있기는 하다. 이유는 심심치 않게 연금 개혁이라는 말이 나오기 때문이다. 연금 개혁으로 장래의 연금이 줄어든다면 일시금으로 한꺼번에 챙기는 것이 좋겠지만, 지금까지의 개혁사례를 살펴볼 때 기존 연금수급자들의 연금을 소급해서 깎는 경우는 없었다. 지급률을 줄일 경우에도 향후의 가입기간이나 신규가입자들을 대상으로 하기 때문이다.

따라서 국가 부도사태가 일어나지 않는 한 이미 확보된 연금수급권이 무너진다는 것은 상상하기 어렵다. 그냥 국가를 믿고 연금을 받는 것이 좋을 것 같다.

한 번 선택해서 받아버리면 바꿀 수 없기 때문에 신중을 기해야 한다. 1990년대 후반 IMF 위기상황에서 치솟는 금리를 보고 많은 사람들이 일시금으로 받아서 굴리는 것이 유리할 것으로 생각했다. 금융기관들도 자기들에게 맡기면 연금보다 많은 이자를 준다고 부추겼다. 그런데다 공무원연금제도는 제도 성숙으로 재정문제가 불거져 제도 개혁이 이슈화되었다. 그래서 절반 이상의 공직 은퇴자들이 연금 대신에 일시금을 선택했다.

몇 년 지나 금리는 안정되었고 2000년 연금개혁이 있었지만, 기존 연금수급자에 대해서 연금을 깎는 사태는 벌어지지 않았다. 연금공단에 찾아와서 내가 받은 일시금에 이자 붙여서 반납할테니 부디 연금으로 바꿔달라는 사람들이 많았지만 바꿔줄 수 없었다.

공적연금 연계, 어떻게 해야 하나?

공적연금 연계제도는 직역연금(공무원·군인·사립학교교직원·별정우체국직원 연금)과 국민연금에서 연금을 받기 위한 최소가입기간을 채우지 못하고 다른 제도로 이동하는 경우 종전에는 일시금으로만 받을 수 있던 것을 연금으로 받을 수 있게 하는 제도다. 직업 간 이동이 빈번한 현대사회에서 가입기간의 단절에 따라 일시금만 수령할 경우 노후소득보장이 어려울 수 있다는 것이 제도 도입의 배경이라 할 수 있다.

이 제도는 2009년 2월 6일 공포된 국민연금과 직역연금의 연계에 관한 법률을 근거로 시행되었다. 시행일은 공포일로부터 6개월이 경과한 날인 2009년 8월 7일이다.

공적연금연계제도는 소위 연결통산방식이라는 방법을 채택하고 있다. 이 방식은 제도 간에 재정이전 없이 해당 연금제도에서 자기 가입기간에 대해 각각 연금을 지급하는 방식이다. 따라서 그 효과는 각 제도에서 연금수급을 위한 최소가입기간 요건인 직역연금 20년과 국민연금 10년이 폐지되는 것과 같고, 단지 다른 점은 양 제도의 가입기간의 합이 20년 이상일 것이 요구되는 것이다.

연계연금의 적용대상은 국민연금과 직역연금의 연계에 관한 법률이 시행된 2009년 8월 7일 이후에 연금제도를 이동한 사람이다. 다만, 2007년 7월 23일 이후 국민연금에서 탈퇴해 반환일시금을 받지 못하고 있는 경우에는 연계연금에 해당된다. 또한, 이 법 공포일인 2009년 2월 6일 당시 재직 중인 사람이 공포일부터 이 법 시행 전까지 국민연금으로 이동한 경우에도 연계대상이 된다.

한편, 연금연계는 강제가 아닌 선택사항이기 때문에 연계신청을 하지 않으면 일시금으로 받을 수 있다. 직역연금에서 국민연금으로 이동할 때에는 직역연금에서 퇴직한 때 퇴직일시금이 지급되고, 국민연금에서 탈퇴하고 직역연금으로 이동한 때에는 60세가 된 때 반환일시금이 지급된다. 다만, 직역연금에서 퇴직한 사람이 퇴직일시금을 지급받은 경우라도 그 지급받은 퇴직일시금을 반납하고 연계신청을 할 수 있다.

연계노령연금은 연계신청자가 국민연금 가입기간이 10년 이상이 되어 국민연금법에 따른 노령연금 수급권이 발생한 경우에는 국민연금법에 의해 계산된 노령연금액을 지급하고, 가입기간이 1년 이상 10년 미만인 경우에는 기본연금액에 국민연금 가입기간을 20으로 나눈 비율을 곱하여 산정한다. 연계기간이 20년 이상인 연금가입자 중 국민연금 가입기간이 1년 미만이면 국민연금법에 따른 반환일시금에 이자를 가산하여 지급한다.

연계노령유족연금은 가입기간이 20년 이상이면 '기본연금액의

60%+부양가족연금액', 가입기간이 10년 이상 20년 미만이면 '기본연금액의 50%+부양가족연금액', 가입기간이 10년 미만이면 '기본연금액의 40%+부양가족연금액'에 상당하는 금액을 지급한다.

연계퇴직연금은 연계신청자가 직역연금법상의 재직기간이 20년 이상이 되어 퇴직연금이나 퇴역연금의 수급권이 발생한 경우에는 해당 직역연금법에 따른 퇴직연금액이나 퇴역연금액을 연계퇴직연금액으로 지급한다. 연계퇴직유족연금액은 연계퇴직연금액에 해당 직역연금법에 따른 유족연금의 비율을 곱한 금액으로 한다. 공무원연금의 경우 유족연금 비율은 퇴직연금액의 70%이며, 다만 2010년 1월 1일 이후 신규 임용된 자부터는 60%가 적용된다.

한편, 연계노령연금이나 연계퇴직연금을 받기 위해서는 연계기간이 20년 이상이고 65세 이상이 되어야 한다. 다만, 수급개시연령은 2012년까지 60세, 2013년부터 매5년 단위로 1세씩 늘여서 2033년부터 65세가 되도록 경과규정을 두고 있다. 각 직역연금법에 따른 퇴직연금의 수급이 시작되는 연령이 이보다 높게 규정되어 있는 경우 연계퇴직연금의 수급권은 해당 직역연금법의 퇴직연금수급연령에 이른 때에 생긴다.

연금받는 연령과 조기연금

연금제도는 늙어서 돈을 벌지 못할 때를 대비해 만든 것이다. 경제활동을 해야 하는 40~50대부터 연금을 주는 것은 제도의 취지에 맞지 않다. 게다가 소득활동을 할 수 있는 젊은 사람에게까지 연금을 주면서 연금재정이 어렵다고 한다면 누가 바로 듣겠는가? 그래서 공적연금제도는 일정 연령에 도달해야 연금을 지급하는 연금지급 개시연령제도를 두고 있다.

국민연금은 고령화 추세를 반영하여 당초 연금지급 개시연령 60세를 2013년부터 5년에 1세씩 올려 2032년 이후 65세가 되도록 개정했다. 이에 따라 출생연도별 연금지급 개시연령은 다음과 같다.

출생연도	지급 개시연령
1953~1956년생	61세
1957~1960년생	62세
1961~1964년생	63세
1965~1968년생	64세
1969년생 이후	65세

국민연금에는 연금지급 개시연령의 유연한 적용을 위해 조기연금제도를 두고 있다. 조기노령연금은 가입기간 10년 이상, 연령 55세 이

상인 자가 소득 있는 업무에 종사하지 않고 60세 도달 전에 연금을 청구한 경우 가입기간 및 처음 연금을 받는 연령에 따라 일정률의 기본연금액에 부양가족연금액을 가산하여 평생 동안 지급받게 된다. 다만, 조기노령연금을 받다가 60세 전에 소득이 있는 업무에 종사할 경우 그 기간 동안은 연금지급이 정지된다.

공무원연금은 1960년 제도도입 당시에는 20년 이상 재직하고 퇴직한 자가 60세에 달한 때 연금을 지급하도록 규정하고 있었다. 평균수명이 50대 초반이었던 시절에 60세부터 연금을 지급한다고 규정한 것을 보면 정말 노인에게 연금을 지급하겠다는 취지를 제대로 반영한 것 같다.

그런데 1962년에 연금지급 개시연령이 삭제됨으로써 재직기간이 20년만 넘으면 연금을 지급할 수 있게 됐다.[6] 공무원의 경우 1995년 개혁 때 연금지급 개시연령을 60세로 부활시켰지만 기득권 보호를 이유로 1996년 이후 신규 임용되는 자만을 대상으로 했다.

2000년 개혁 때는 1995년 이전에 임용된 자에 대해서도 2001년 이후 퇴직하는 경우에는 연금지급 개시연령을 단계적으로 확대 적용했다. 이 개정도 기대이익을 보호한다는 차원에서 단계적으로 지급연령이 60세에 도달하도록 하고, 개정 당시 재직기간이 20년 이상인 자를 제외하는 등 많은 예외조치를 두었다. 2009년 개혁에서는 2010년 이후 신규 임용된 자에 대해 65세부터 연금을 지급하도록 개시연령을 상향조정했다.

사립학교교직원연금의 경우는 공무원연금과 같이 연금지급 개시연령을 도입하고 있지만, 군인연금의 경우에는 연금지급 개시연령을 아직까지 도입하지 않고 있다. 군인의 경우 본인의 의지가 아닌 강제 조기전역이 많은 복무특성을 고려한 조치라고 보여지지만 개시연령 자체가 없는 것은 노후소득보장 연금제도의 취지에는 맞지 않다.

공무원연금의 연금지급 개시연령을 요약해보면 다음과 같다.

출생연도	지급 개시연령
2010년 1월 이후 임용된 자	65세
1996년 1월 ~ 2009년 12월 임용된 자	60세
1995년 12월 이전 임용된 자	
• 2000년 말 현재 20년 이상 재직	퇴직 즉시 지급
• 2000년 말 현재 20년 미만 재직	50세, 2년에 1세씩 증가
- 2001~2002년 퇴직	50세
- 2003~2004년 퇴직	51세
:	:
- 2013~2014년 퇴직	56세
:	:
- 2019~2020년 퇴직	59세
* 2000년 말 현재 20년 미달연수 만큼 20년을 초과하여 재직	퇴직 즉시 지급

이와 같은 원칙에도 불구하고 불가피하게 해당연령까지 근무하지 못하는 경우 소득공백의 방지를 위해 지급 개시연령의 적용 예외를 두고 있다. 즉 2009년 이전에 공무원으로 임용된 자의 경우 정년 또는 근무상한연령이 60세 미만인 경우에는 당해 정년 또는 근무상한연령에 도달한 때, 계급정년에 도달하여 퇴직한 때, 직제와 정원의 개폐 또는 예산의 감소 등에 의하여 폐직 또는 과원으로 인하여 퇴직한 때, 장애등급 7급 이상의 폐질상태로 퇴직한 때에는 연령에 관계없이 그때부터 연금을 지급한다.

2010년 이후 공무원으로 임용된 경우에는 일반적인 연금지급 개시연령이 60세에서 65세로 5년 연장되었다. 이에 따라 정년 또는 근무상한연령이 60세 미만인 경우에는 그 정년 또는 근무상한 연령이 되었을 때로부터 5년이 경과한 때, 계급정년이 되어 퇴직한 때부터 5년이 경과한 때, 직제와 정원의 개폐 또는 예산의 감소 등에 의하여 폐직 또는 과원으로 인하여 퇴직한 때부터 5년이 경과한 때, 장애등급 7급 이상의 폐질상태로 퇴직한 때에는 그때부터 연금을 지급한다.

공무원연금도 국민연금과 같이 개시연령이 되기 전에 일정률을 감액하여 미리 지급하는 조기퇴직연금제도가 있다. 조기퇴직연금은 퇴직연금액에 개시연령 미달연수가 1년 이내는 95%, 1~2년은 90%, 2~3년은 85%, 3~4년은 80%, 4~5년은 75%의 비율을 곱한 금액을 지급한다. 이 경우 그 지급률은 개시연령에 도달해도 회복되지 않고 연금지급이 종료될 때까지 계속 적용된다.

소득이 있으면 연금이 얼마나 정지되나?

공적연금제도는 소득상실에 대비한 제도이기 때문에 연금을 받고 있던 중 다른 소득이 있는 경우에는 해당 연금의 전부 또는 일부를 지급 정지한다. 직역연금제도인 공무원연금, 군인연금 및 사학연금의 경우 동일한 연금지급정지제도를 두고 있으며, 국민연금의 경우에는 재직자노령연금이라는 이름으로 일정금액을 감액하여 지급한다.

공무원연금 등 직역연금의 연금지급정지제도에는 전액정지와 일부정지가 있다.

전액정지는 퇴직연금이나 퇴역연금 수급자가 다시 공무원연금, 군인연금 또는 사학연금제도의 가입자가 된 경우다. 예를 들어, 공무원연금수급자가 다시 공무원이 된 경우는 물론 사립학교교직원이 된 경우에도 연금지급이 정지되며, 그 반대인 경우에도 마찬가지다.

이 경우는 다시 연금제도의 가입자가 되었기 때문에 당연히 연금지급을 정지하는 것이며, 그 재직하는 동안은 기여금을 불입하고 재직기간으로 인정받게 된다. 이때 전후의 재직기간을 합산받을 수 있고, 합산하지 않은 경우에도 재직하는 동안은 연금이 전액 정지되는 것은 마찬가지다.

일부정지는 퇴직연금수급자가 연금 외의 근로소득이나 사업소득이 있는 경우 퇴직연금액의 1/2 범위 안에서 지급을 정지한다. 정지대상 소득은 소득세법에 따른 사업소득과 근로소득에 한정되며, 이자소득·배당소득·부동산 임대소득 등은 제외된다. 연금이 소득활동 중단에 따른 소득보전임을 고려해서 몸을 움직여서 버는 소득만을 연금정지 대상으로 하고 있지만, 금융소득이나 임대소득 등도 정지대상 소득에 포함되어야 한다는 의견도 많다.

일부정지금액은 사업소득이나 근로소득 또는 이를 합산한 소득의 월평균금액이 전년도 근로자평균임금월액을 초과한 경우 그 초과소득월액에 일정비율을 곱하여 산정한다. 이때 사업소득은 필요경비, 근로소득은 근로소득공제를 한 금액이 연금정지 대상 소득이 된다.

초과소득월액	지급정지액
50만 원 미만	50만 원 미만 초과소득월액의 30/100
50~100만 원 미만	15만 원 + 50만 원 초과소득월액의 40/100
100~150만 원 미만	35만 원 + 100만 원 초과소득월액의 50/100
150~200만 원 미만	60만 원 + 150만 원 초과소득월액의 60/100
200만 원 이상	90만 원 + 200만 원 초과소득월액의 70/100

2012년 기준 소득금액별 연금정지금액은 다음과 같다. 대략 연금 외의 월소득이 400만 원 미만이면 연금정지가 되지 않고, 700만 원 정도가 넘으면 연금 절반 정도가 정지된다고 볼 수 있다.

(단위 : 원)

월소득	소득월액 (근로소득공제)	초과소득	연금정지금액
4,099,125	3,019,167	447	133
5,000,000	3,875,000	856,280	292,512
6,100,000	4,920,000	1,901,280	840,768
7,000,000	5,781,667	2,762,947	1,434,062
8,000,000	6,751,667	3,732,947	2,113,062

* 2011년 근로자 평균임금 : 3,018,720원

국민연금의 경우에는 노령연금을 받고 있는 중 소득이 있는 업무에 종사하는 경우 60세 이상 65세 미만의 기간 동안 일정금액의 연금을 감액하여 지급하는 재직자노령연금제도가 실시되고 있다. 이 경우 소득기준은 '월평균소득금액'이 '최근 3년간의 국민연금 전체가입자의 평균소득월액의 평균액'을 초과하는 경우를 말한다. 여기서 월평균소득금액이란 소득세법의 규정에 따른 근로소득, 사업소득 및 부동산임대소득을 합산한 금액을 소득이 발생한 해의 종사(근무)월수로 나눈 금액을 말한다. 각 소득금액은 근로소득공제 또는 필요경비를 공제한 금액이다.

최근 3년간의 국민연금 전체가입자의 평균소득월액 평균액은 매년 변동되며, 2012년에 적용되는 값은 1,891,771원이다. 노령연금의 감액비율은 60세에 50%, 61세 40%, 62세 30%, 63세 20%, 64세 10%이며, 재직자노령연금을 받던 중 소득이 있는 업무에 종사하지 않게 되면 감액되지 않은 노령연금을 받게 된다.

국민연금의 경우 65세 미만에서만 소득심사를 하고 연령별 감액비율을 적용하고 있는 것이 직역연금과 다르지만, 최근 연령별 감액비율을 소득구간별 비율로 바꾸고 최고 감액률을 낮추는 개정이 진행되고 있다.

참고로, 이러한 연금정지제도는 노후의 적정소득 보장을 위해 소득이 있는 경우 연금을 적절하게 조정해서 지급하려는 취지에서 실시하고 있지만, 같은 보험료를 냈는데도 소득유무에 따라 연금정지 여부가 결정되므로 형평성의 문제가 제기될 수 있다. 또한 고령자의 근로의욕을 감퇴시키는 역기능이 있기 때문에 일정소득 이하는 적용하지 않는 등 제도 운영에 신중을 기하고 있다.

연금소득에도 세금이 부과되나?

국민연금이나 공무원연금 같은 공적연금제도의 연금소득에도 세금이 부과된다. 다만, 2002년 이후 제도 가입기간에 대한 연금소득에 대해서만 과세가 된다. 2001년 이전의 가입기간에 대한 연금소득에 대해서는 과세되지 않는다.

그 이유는 연금소득에 대한 과세제도가 2002년에 입구과세에서 출구과세로 변경되었기 때문이다. 2001년까지는 월 소득에서 기여금 등 연금 보험료를 포함한 소득을 기준으로 과세하고 나중에 받는 연금에는 과세를 하지 않았으나, 2002년 이후부터는 연금 보험료를 공제한 소득을 기준으로 과세한 후 나중에 받는 연금에 세금을 부과하는 제도로 변경된 것이다.

과세대상 연금은 노령연금과 퇴직연금이며, 유족연금과 장해연금은 과세대상이 아니다. 연금소득에 대한 과세는 2002년 이후 가입기간에 대한 연금액이 연간 700만 원을 초과하는 경우다. 과세대상 연금액은 '총 연금액 × 2002년 이후 제도가입월수/전체 제도가입월수'로 계산한다.

연금소득에 대한 과세는 매월 연금을 지급할 때 과세대상 연금액을 기준으로 연금소득간이세액표에 의해 공단에서 원천징수한다. 매월 연금에서 소득세를 공제한 경우 다음 연도 1월에 전년도 연금소득에 대한 연말정산을 하게 된다. 연말정산 공제항목은 일반 근로소득과 마찬가지이며, 부양가족이 있는 경우에는 부양가족 신고를 해야 한다. 과세표준액별 연금소득세율은 다음과 같다.

과세표준액별 연금소득세율 (2012년 현재 기준)

과세표준액	적용세율
1,200만 원 이하	과세표준액의 6%
1,200만 원 초과	72만 원+1,200만 원 초과금액의 15%
4,600만 원 초과	582만 원+4,600만 원 초과금액의 24%
8,800만 원 초과	1,590만 원+8,800만 원 초과금액의 35%
3억 원 초과	9,010만 원+3억 원 초과액의 38%

참고로 연금수급자인 경우에도 과세대상 연금액이 연간 600만 원 이상인 경우에는 근로소득, 사업소득, 이자소득, 배당소득 등 다른 소득이 있으면 매년 5월 관할 세무서에 종합소득을 신고해야 한다. 아울러 과세대상 연금액이 600만 원 이하일 때는 근로소득이 있는 자녀의 부양가족이 될 수 있다.

이혼할 경우 연금분할과 이민갈 때의 연금청산

부부가 이혼할 경우 연금을 분할해서 받는 것이 가능한가? 국민연금의 경우에는 부부가 이혼할 경우 연금을 나눠가지는 연금분할제도를 도입해서 운영하고 있다. 분할연금은 이혼한 자가 배우자였던 자의 노령연금액 중 혼인기간에 해당하는 연금액을 나누어 지급받는 연금이다. 이 경우 혼인기간 중 국민연금 보험료 납부기간이 5년 이상이어야 한다.

분할연금은 이혼, 배우자였던 자의 노령연금수급권 취득, 본인의 60세 도달이라는 세 가지 요건이 갖추어졌을 때 본인의 신청에 의하여 지급된다. 분할연금액은 배우자였던 자의 노령연금액(부양가족 연금액 제외) 중 혼인기간에 해당하는 연금액의 1/2이다.

공무원연금 등 직역연금에서는 분할연금제도를 아직 도입하지 않고 있다. 다만, 이혼한 배우자가 소송에 의하여 퇴직연금의 일부를 분할받은 사례는 있다. 이 경우에는 퇴직연금수급자가 공단으로부터 받은 자기의 퇴직연금 일부를 배우자에게 주는 형식을 취하게 된다. 분할연금이 황혼이혼을 부추긴다는 이야기가 들리기도 하지만, 대부분의 공적연금제도에서 채택하고 있고 현실적으로 필요성을 주장하는 의견이 많기 때문에 직역연금에서도 이 제도의 도입을 검토해야 할 것 같다.

한편, 연금수급자가 연금을 받고 있던 중 외국에 이민을 갈 경우에는 연금을 어떻게 해야 할까? 국민연금은 물론 공무원연금 등 직역연금의 경우 연금수급자가 해외로 이민을 갈 경우 해외송금을 신청하면 해당국가의 계좌로 연금을 지급한다. 다시 말해 국내거주와 다를 바 없이 살아 있는 동안 계속해서 연금을 받으면 된다. 대한민국의 국적을 상실한 경우에도 마찬가지로 연금은 계속 받을 수 있다.

공무원연금 등 직역연금의 경우 외국에 이민을 가거나 국적을 상실한 경우 향후에 받을 연금에 갈음하여 출국 또는 국적을 상실한 달의 다음 달을 기준으로 한 4년 분의 연금을 일시에 청산받을 수 있다. 이는 앞으로 생존기간이 얼마이든 간에 4년 분을 지급하고 청산하는 것이다.

이러한 청산제도는 본인이 원할 경우에 할 수 있는 임의제도이므로 반드시 일시 청산받아야 하는 것은 물론 아니다. 다만, 국민연금의 경우에는 국민연금 가입기간 중에 이민을 가는 경우 국외이주에 대한 객관적인 사실이 확인될 때 반환일시금을 받을 수 있으며, 연금을 받기 위한 최소가입기간을 채운 경우에는 추후에 연금을 받을 수 있다.

유족연금은 누구에게 승계되나?

퇴직연금이나 노령연금 수급자가 사망한 경우 유족이 있으면 그 유족에게 유족연금으로 승계되어 지급된다. 일반적으로 유족이란 사망한 자와 친족관계에 있는 자를 가리키지만, 유족연금을 받을 수 있는 유족은 사망한 자에 의하여 생계를 유지하고 있던 일정 범위의 유족 중에서 선순위의 자가 된다. 따라서 연금을 받을 수 있는 유족은 민법의 상속인보다 그 범위가 훨씬 좁다.

먼저 공무원연금의 경우를 살펴보자.

군인연금과 사립학교교직원연금의 경우에도 마찬가지다. 공무원연금법에서 유족이란 퇴직연금수급자가 사망할 당시 그가 부양하고 있던 배우자, 자녀, 부모, 손자녀 및 조부모 중에서 상속받는 순위에 따르도록 하고 있다.[7] 따라서 유족의 순위는 자녀, 손자녀, 부모, 조부모의 순이 되며, 배우자는 선순위 유족과 동순위가 되고 다른 유족이 없는 경우에는 단독으로 유족이 된다. 유족급여는 유족 중 선순위의 자에게 지급하되, 동순위자가 2명 이상 있을 때에는 급여를 똑같이 나누어 지급하며, 대표자를 선정한 경우에는 그 대표자에게 전액을 지급한다.

그런데 배우자, 자녀, 손자녀, 부모 및 조부모 중에서도 연금을 받을 수 있는 유족은 유족연금의 취지를 살려서 더 제한하고 있다. 배우자는 재직 당시에 혼인관계에 있던 자에 한한다. 따라서 퇴직 후에 혼인관계가 성립된 배우자는 유족이 될 수 없다.[8] 만약 혼인하지 않고 동거 중에 있다면 퇴직하기 전에 혼인신고를 해야 나중에 원망을 듣지 않는다. 재직 중에 혼인했다가 이혼하고 퇴직 후에 다시 같은 사람과 혼인했다면 그 배우자는 유족이 될 수 있을까? 이 경우도 재직 당시 혼인관계에 있었던 자이므로 유족이 될 수 있다.

한편, 배우자의 경우 사실상 혼인관계에 있던 자를 포함한다. 여기서 사실혼관계란 실질적으로 부부로서의 공동생활을 하고 있고 사회적·관습적으로도 혼인관계에 있다고 인정되지만 신고를 하지 않아 부부로 인정되지 않는 경우를 말한다.

그렇다면 법률상 부부관계가 정리되지 않은 상태에서 동거 등 사실혼에 가까운 생활을 오랫동안 해온 경우 그 동거인은 유족이 될 수 있을까? 이 경우에는 법률상 혼인관계에 있는 자가 따로 있기 때문에 사실상 배우자로서의 입장에 있다 하더라도 사실혼 관계로 인정받지 못하며, 이때에는 법률혼 관계에 있는 자가 유족이 된다.

자녀의 경우에는 친자녀나 양자녀에 관계없이 자녀가 되나, 퇴직일 이후에 출생하거나 입양한 자녀는 유족이 될 수 없다. 그리고 자녀는 스스로 독립적인 생활이 어렵다고 판단되는 18세 미만의 경우에만 유족이 될 수 있다. 다만, 18세 이상의 경우에도 생활능력이 없다고 판단되는 장애 7급 이상인 경우에는 유족이 될 수 있다. 또한 태아의 권리능력을 인정하여 퇴직 당시의 태아는 재직 중 출생한 자녀로 본다. 참고로 자녀의 배우자는 자녀가 아니고, 자녀가 입양에 의하여 타인의 양자가 된 경우에도 자녀인 것은 변하지 않지만 그 친부모에 의하여 부양되고 있던 자로 보기 어려우므로 친부모가 사망했을 때 유족으로 보기 어렵다.

부모의 경우에는 친부모뿐 아니라 양부모도 유족이 될 수 있지만, 퇴직일 이후에 입양된 양부모는 제외된다. 배우자의 부모는 부모가 아니기 때문에 유족이 될 수 없다.

손자녀의 경우에는 퇴직일 이후에 출생하거나 입양한 경우에는 제외되고, 18세 이상으로 장애 7급 이상에 해당되지 않으면 유족이 될 수 없다. 또한 손자녀는 그의 아버지가 없는 경우에만 유족이 될 수 있다. 조부모의 경우에는 다른 선순위의 유족이 없으면 유족이 될 수 있는데, 이 경우에도 퇴직일 이후에 입양된 경우는 제외된다.

참고로 이상과 같은 유족의 범위제한은 자녀와 손자녀의 연령제한을 제외하고는 대부분 1996년에 도입된 제도로써, 그 이전에 사유가 발생된 경우에는 제한을 하지 않는다. 예를 들어 배우자의 혼인관계, 자녀·손자녀의 출생 또는 입양, 부모·조부모의 입양은 모두 1995년 이전에 행해졌다면 제한을 하지 않는다.

한편, 국민연금법의 유족은 공무원연금법의 유족과 비슷하지만 그 범위와 순위 등에서 약간 차이가 있다. 국민연금에서는 사망자에 의하여 생계를 유지하고 있던 가족으로서 배우자, 19세 미만 또는 장애 2급 이상의 자녀[9], 60세 이상 또는 장애 2급 이상의 부모(배우자 부모 포함), 19세 미만 또는 장애 2급 이상 손자녀, 60세 이상 또는 장애 2급 이상 조부모(배우자 조부모 포함)가 유족의 범위에 해당된다.

이들 유족 중에서 배우자, 자녀, 부모, 손자녀, 조부모 순위 중 최우선 순위의 자에게 유족연금을 지급한다. 동 순위의 자가 2인 이상인 경우 같은 금액을 나누어 지급하지만 대표자를 선정한 경우에는 그

대표자에게 지급한다. 그리고 유족연금 수급권자가 배우자인 경우에는 원칙적으로 수급권이 발생한 때부터 3년 동안 유족연금을 지급한 후 55세가 될 때까지 그 지급을 정지한다.

부부가 모두 가입자인 경우 연금은 어떻게 되나?

부부가 모두 공적연금에 가입한 경우 퇴직연금이나 노령연금을 받는데 제한이 없을까? 부부 두 사람이 각각 피보험자로서 보험료를 납부했기 때문에 당연히 어떤 제한 없이 두 사람 모두가 각자의 연금수급권을 갖게 된다.

예를 들어 부부가 모두 국민연금의 가입자로서 보험료를 납부한 경우 각각 자기의 노령연금을 받는다. 아울러 부부가 각각 공무원연금이나 군인연금 또는 사립학교교직원연금 중 어느 하나의 제도에 가입한 경우에도 각각의 퇴직연금이나 퇴역연금을 받으며, 어떠한 급여수령상의 제한도 없다. 부부의 한 쪽이 국민연금 가입자이고 다른 한 쪽이 공무원연금 등 직역연금 가입자인 경우에도 마찬가지로 연금제한은 없다.

다만, 부부 모두 각자의 연금을 받던 중 한 쪽의 배우자가 사망한 경우 본인의 노령연금이나 퇴직연금은 제한 없이 그대로 받지만 배우자로서 유족연금은 제한을 받게 되는 경우가 있다. 국민연금의 경우에는 본인의 노령연금과 함께 배우자의 사망으로 인해 발생된 유족연금은 해당금액의 20%만 받을 수 있다.

공무원연금, 군인연금 및 사립학교교직원연금의 경우에는 본인의 퇴직연금이나 퇴역연금은 전액을 받으면서 배우자의 사망으로 인해 발생된 유족연금은 해당금액의 50%를 받게 된다. 즉 유족연금이 퇴직연금의 70%[10]이기 때문에 그 금액의 절반에 해당하는 35%를 유족연금으로 받게 된다. 부부가 모두 같은 공무원, 같은 군인 또는 같은 사립학교교직원인 경우는 물론 부부가 각기 다른 직역연금의 가입자인 경우에도 유족연금은 50%를 제한받게 된다. 직역연금 간에는 상호의 가입기간을 합산할 수 있는 등 제도적 연관성이 크기 때문에 이와 같이 제도 간에도 급여제한을 하고 있다.

그러나 국민연금과 직역연금 간에는 이러한 유족연금의 제한이 없다. 따라서 부부의 한 쪽이 국민연금의 가입자이고 다른 한 쪽이 직역연금의 가입자인 경우 각각의 노령연금과 퇴직연금을 받다가 어느 한 쪽이 사망하더라도 배우자 사망으로 인한 유족연금은 제한 없이 전액이 지급된다. 국민연금과 직역연금은 같은 공적연금제도이지만 그 급여의 목적이나 성격이 많이 달라 서로 간에 연금제한을 하고 있지 않다.

참고로 부부가 모두 국민연금 가입대상이 될 수 있는 경우 유족연금의 제한을 받는다고 해서 어느 한 쪽의 국민연금 가입을 회피할 필요는 없다. 그 이유는 본인의 노령연금만으로도 현세대의 경우 보험료 납부액보다 훨씬 많은 연금이 지급되기 때문이다. 아울러 부부가 모두 직역연금 가입자인 경우 유족연금의 제한을 고려해서 어느 한 쪽은 연금을 받고 다른 한 쪽은 일시금으로 청구하는 경우도 있는데, 이때에도 평균적으로 퇴직연금의 수급액이 납부한 보험료를 훨씬 상회하기 때문에 그렇게 하지 않는 것이 유리하다.

03 / 정말 그럴까, 왜 그렇지?

내는 돈 만큼 연금으로 받을 수 있을까?

공적연금제도는 얼마를 보험료로 내고 얼마를 연금으로 받을 수 있는 것일까? 혹시 내는 돈 만큼도 찾아가지 못하는 밑지는 장사는 아닌지 궁금해하는 사람들도 있다. 결론부터 얘기하면 공무원연금[11]과 국민연금은 모두 후세대로 갈수록 보험료 인상, 연금 인하 등으로 수익비가 낮아지는 것으로 분석되지만 현재까지는 모든 세대 공히 내는 돈보다 받는 돈이 훨씬 많은 구조로 되어 있다.

수익비란 사망할 때까지 받을 수 있는 기대연금 총수급액을 제도가입기간 중에 납부한 보험료 납부총액(본인 기여금+사용자 부담금)으로 나눈 값을 말한다. 이때 기대연금 총수급액은 각 연도의 연금액에 시장이자율을 적용하여 퇴직시점의 가격으로 할인하고, 보험료 납부총액은 각 연도에 납부한 보험료에 기금운용수익률을 적용하여 퇴직 시점의 가격으로 재평가한 값이다. 즉 연금수급액이 보험료 납부액의 몇 배인가를 나타내는 지표를 수익비라 한다. 수익비 분석을 통해 내는 보험료와 받는 연금액을 비교해본다.[12]

1988년부터 30년간 연금제도에 가입한 경우 연금수익비가 공무원연금은 3.7배, 국민연금은 2.0배로 나타난다. 즉 내는 돈보다 받는 연금액이 3.7배, 2.0배나 많다는 의미다. 여기에 민간의 퇴직금과 공무원의 퇴직수당을 더한 경우의 총퇴직급여수익비는 공무원이 4.1배, 민간이 3.7배 정도가 된다.

2000년부터 30년간 연금제도에 가입한 경우에는 연금수익비가 공무원연금은 3.2배, 국민연금은 1.7배로 나타나고, 퇴직금(퇴직수당)을 더한 총퇴직급여수익비는 공무원이 3.6배, 민간이 3.4배 정도가 된다. 2010년부터 30년간 연금제도에 가입한 경우에는 연금수익비가 공무원연금은 2.3배, 국민연금은 1.5배로 나타나고, 퇴직금(퇴직수당)을 더한 총퇴직급여수익비는 공무원이 2.6배, 민간이 3.2배 정도가 된다.

이 계산은 재직시기별로 30년간 재직한 평균가입자를 모델로 선정하여 계산한 결과다. 일생동안 받는 연금은 개인의 기대수명에 따라 다르고, 국민연금의 경우 재분배 기능이 있어 소득수준에 따라서도 수익비가 다를 수 있다. 그리고 할인율, 보수인상률, 물가변동률 등 기초율 가정에 따라서도 많은 차이가 난다는 것을 참고해야 한다. 아울러 공무원과 민간의 수익비 차이는 두 제도가 추구하는 목적과 도입배경이 서로 다르기 때문이며, 단순히 형평성을 문제삼을 것은 아니다.

내가 낸 보험료는 어디로 갔을까?

공무원연금과 군인연금은 제도 도입 반세기가 지났는데도 연금기금이 거의 없다. 그렇다면 그 간에 낸 보험료는 다 어디로 갔는가? 평생 동안 보험료를 납부하고 지금 퇴직하는 이들이 가장 궁금해하는 사항이다. 혹시 어느 정권 시절에 정치자금으로 다 써버린 건 아닌지, 주식투자를 해서 다 날려버린 건 아닌지 도무지 알 수 없는 일이라고 개탄하기도 한다.[13]

공무원연금의 경우 연금기금은 위험준비금 수준에 불과해 보험료수입과 정부보전금으로 연금을 지급하고 있는 실정이다. 게다가 2011 회계연도 결산에서 상당히 많은 연금충당부채가 발표되었다. 군인연금도 제도 규모가 작을 따름이지 공무원연금과 다르지 않다. 도대체 왜 그럴까?

그 답은 간단하다. 먼저 퇴직해서 연금을 받고 있는 선배들이 지금까지 열심히 납부한 보험료를 연금으로 다 가져간 것이다. 앞에서 분석한 수익비 자료를 보면 공무원연금은 내는 보험료보다 받는 연금이 훨씬 많은 구조다. 이미 퇴직해 연금을 받고 있는 세대들이 본인과 국가가 낸 보험료보다 많은 연금을 받았고 기금이 크게 적립될 겨를도 없이 연금수급자가 늘어났기 때문에 그때그때 거둬들여서 연금을 지급하는 부과방식으로 전환된 것이다. 기금운용의 잘못이 아니다.

그렇다면 왜 보험료보다 많은 연금을 지급하는 제도를 운영해왔을까? 과거 정부가 정말 잘못된 정책 결정을 한 것일까? 필자의 생각으로는 그렇지 않다. 사회경제제도란 당시의 시대상황을 반영할 수밖에 없다. 공무원연금제도가 도입된 1960년대의 우리나라는 경제개발 5개년 계획을 추진하면서 국가부흥의 기틀을 마련하고 있었다. 이 시기에 그 견인차 역할을 하는 공무원에 대한 유인수단으로 공무원연금을 활용한 것이라고 볼 수 있다. 즉 퇴직 후의 생활보장이 될 수 있을 정도의 연금을 약속할 필요가 있었던 반면, 당시의 국가경제나 공무원의 봉급 수준으로는 연금 수준에 상응하는 보험료를 부과할 수 없는 형편이었다. 때문에 부담 가능한 수준의 낮은 보험료를 책정할 수밖에 없었던 것으로 보인다.

당시의 정부백서[14)]에 의하면 "우리나라에서 공무원연금을 다른 분야에 우선하여 실시하게 된 동기는 국가라는 커다란 통치기구를 운영하고, 또 국민의 모든 생활영역에까지 영향을 미치는 공무원의 생활이 불안정하면 행정능률은 저하되고 공무원의 부정부패를 유발하는 요인이 될 것이므로 공무원의 생활을 안정시켜 자기 직분에 충실할 수 있도록 하려는데 있다고 할 것이다. 특히 5.16 이후 제도를 대폭 개선하여 이 제도가 명실상부한 공무원의 사회보장제도로서 손색이 없도록 한 것은 공무원으로 하여금 경제개발 5개년 계획을 수행하기 위한 거국적인 대열에 선봉이 되어 조국 근대화라는 당면한 국가지상의 목표를 구현하려는 데 있다"고 표현하고 있다. 국가주도의 경제개발 전략을 실시하면서 관료제를 구성하는 공무원의 유인책으로 공무원연금제도를 활용한 측면을 읽을 수 있다.

공무원연금과 국민연금, 차별인가 차이인가?

우리나라는 1960년에 공무원연금이 도입된 후 1988년에 국민연금제도가 도입되었다. 두 제도는 서로 다른 제도적 특징을 가지고 있을 뿐만 아니라 급여 수준과 비용부담에 있어서도 상당한 차이를 보인다. 그래서 두 제도 간에는 형평성(equity) 논란이 자주 일어난다. 형평성이란 같은 것을 같이 취급해야 한다는 것이기에 같은 것을 서로 다르게 취급할 경우에는 차별(discrimination) 문제가 발생할 수 있다.

다만 다른 것을 다르게 취급할 경우에는 차이(difference)가 있을 뿐
이므로 형평성의 문제가 발생될 수 없다. 그런데 차별인지 차이인지
의 판단은 매우 가치판단적인 문제라서 제도가 서로 다를 경우 형평
성 논란은 쉽게 가라앉지 않는다.

일반국민들 중에는 "공무원도 국민인데 왜 공무원연금을 별도로
가지고 있어야 하나? 공무원연금과 국민연금이 연금 수준이나 지급
조건 등에서 차이가 나는 것은 형평성에 어긋나지 않는가? 특수직역
종사자라고 해서 일반국민보다 연금을 더 받아야 할 합당한 이유는
있는가?"라는 의문을 품고 있는 경우가 많을 것 같다.

그런데 공직자 입장에서는 "과연 공무원도 다른 회사원들처럼 월
급쟁이에 불과한가? 신자유주의에 따른 국가 역할의 축소와 시장원
리에 따른 관료체제의 운영이 타당한가?"라는 질문을 던질 것이다.

공직의 특수성 인정 여부는 공무원의 역할과 위상에 관한 사회적
합의에 달려 있다고 본다. 적어도 우리는 개발 시기에 국가발전의 견
인차로서 공무원의 역할을 강조해왔다. 또 공무원이 안심하고 직무
에 전념할 수 있도록 특별한 연금보장을 약속해왔다. 그렇다면 공무
원연금제도는 공직이 지니는 특수성을 반영한 사회경제제도로 독립
적으로 유지될 필요성이 있을 것이다.

연금제도에서 공직의 특수성을 주장하는 이유는 몇 가지 더 있다.
첫째, 공무원은 민간근로자에 해당되는 직업윤리보다 상대적으로 높

은 윤리기준에 따라 행동할 것이 요구된다. 이것은 국민에 대한 봉사자라는 특별한 지위와 직무 자체가 가지는 공공성에서 요구되는 윤리적 규범이다. 둘째, 공무원은 영리행위 금지 및 겸직금지 의무 등이 있어 민간근로자와는 달리 소득활동에 제한을 받는다. 셋째, 민간근로자와 사용자 간의 법률관계는 쌍방의 의사표시와 그 의사의 진정한 일치에 의해 법률 효과가 발생하는 사적자치의 원리에 따른 계약에 의해 형성되지만 공무원과 국가와의 법률관계는 법률에 의해 형성되어 권리에 비해 의무가 많은 불균형적인 관계에 있다.

외국의 운영사례를 살펴보면, 공적연금제도는 대체로 관료에게 우선 적용된 후 일반국민에게 확산되는 과정을 거쳤다. 그러나 연금제도의 전형적인 모형은 존재하지 않고, 국가마다 역사와 제도적 조건 등에 따라 다른 형태를 보이고 있다.

독일, 프랑스 등의 국가는 별도의 독립된 공무원연금을 운영하고 있다. 스웨덴과 네덜란드 등은 1층 부분이 통합되고 2층의 직역연금으로 공무원연금을 운영한다. 미국과 일본 등은 별도의 공무원연금제도를 운영해 오다가 1층 부분이 통합된 다층연금체제로 변경했다. 공무원연금의 특수성 여부는 대체로 일반 공적연금과 분리된 독립형의 경우 특수성이 많이 반영되었고 통합형의 경우에는 특수성이 덜하다.[15]

공무원연금 적자, 왜 국민세금으로 메우나?

공무원연금제도는 공무원이 내는 기여금과 정부의 부담금으로 연금을 지급하며, 부족할 경우 정부가 추가로 보전하는 제도를 두고 있다. 군인연금도 마찬가지다. 이러한 공무원연금과 군인연금에 대한 국가의 책임(open-ended liability) 규정을 두고 일반국민들의 시각은 곱지 않다.

그런데 공무원과 일반국민 간에 공무원연금을 보는 시각은 매우 다르다. 소위 새경론과 혈세론이의 차이다. 공무원들이 주장하는 새경론은 공무원연금을 은급(恩給) 같은 부양제도로 이해하는 입장이다. 머슴을 부렸으면 당연히 새경을 줘야 한다. 마찬가지로 공무원연금에 관해서는 그것이 부담이든 보전이든 당연히 국가가 책임져야 한다는 주장이다. 따라서 재직 중에는 보수로, 은퇴 후에는 연금으로 생활할 수 있게 하는 것이 국가의 책무라고 생각한다.

반면 일반국민들이 주장하는 혈세론은 공무원연금을 보험료 납부를 기초로 운영하는 사회보험으로 이해하는 입장이다. 이들은 왜 공무원연금의 적자를 국민들의 세금으로 메우느냐고 주장한다. 스스로 재정을 꾸려가지도 못하면서 더 많은 연금을 받는다고 흥분하기도 한다.

이와 같은 두 가지 시각 모두 일리가 있다. 하지만 우리나라의 공무원연금제도는 사회보험제도의 기반 위에 부양제도적인 성격이 가미

된 것으로 이해하는 것이 옳을 것 같다.

연금비용에 대해 1960년 제도 창설 이래 줄곧 정부와 공무원이 50:50의 균등부담방식을 유지해온 것이 사회보험의 근거이고, 2000년 제도 개정으로 정부와 공무원이 각각 같은 보험료를 부담하되, 초과 부분에 대해서는 얼마가 되든지 정부가 책임지도록 한 것이 부양제도의 근거가 될 수 있다.

결국 공무원연금제도의 운영은 제도 수혜자인 공무원이 일정부분의 보험료를 납부하지만 정부가 공무원의 사용자로서 연금 지급의 책임을 지는 것이다. 이런 의미에서 비록 보전금이라는 용어를 쓰고 있지만 결코 적자 보전금은 아니다. 그래서 공무원연금의 적자를 국민세금으로 메운다는 표현은 적절하지 않다. 정확하게 말하자면 공무원이 내는 돈보다 국가가 내는 돈이 많다고 표현해야 한다.

외국의 공무원연금제도 운영 사례를 보더라도 마찬가지다. 독일의 관리에게 적용되는 공무원부양연금제도에서는 공무원의 보험료는 없고 국가가 전액 부담한다. 프랑스의 공무원연금의 경우 보수의 7.85%를 공무원이 내고 나머지는 얼마가 되든지 모두 국가가 부담하며, 그 국가부담액이 무려 보수예산의 50%를 넘는다.

미국과 일본의 공무원연금의 경우에도 정도의 차이는 있지만 공무원보다 사용자인 정부가 부담하는 금액이 훨씬 많다. 공무원연금제도에 대해서는 세계의 대부분 국가들이 제도 초기에는 공무원과 정부가 균등부담하다가 제도가 성숙되면서 연금 지출이 늘어나는 시기에 와서는 국가가 뒷감당을 할 수밖에 없었던 것으로 보인다.

결국 공무원연금 재정은 제도 수혜자인 공무원과 사용자인 정부, 그리고 국민이 함께 꾸려나갈 수밖에 없다. 연금수지 부족액을 정부가 보전하는 것 자체가 문제가 아니라 보전 규모가 커져서 국민 부담이 지나치게 늘어난다면 그것이 진짜 문제다. 다양한 가치를 전제로 의사소통과 타협 과정을 통해 합리적으로 제도 개선이 이루어진다면 공무원연금의 정부보전 문제는 이슈가 될 수 없다고 본다.

장관과 국회의원은 하루만 해도 연금받나?

세간에 "장관은 하루만 해도 평생 연금이 지급된다는데 정말인가? 국회의원은 한 번만 해도 보험료 한 푼 안내고 국가재정으로 죽을 때까지 연금을 받아간다는데 그럴 수 있나?"라는 말들이 떠돈다.

우선 사실 여부를 밝힌다면, 장관은 정무직공무원이지만 직업공무원과 같이 공무원연금법의 적용을 받기 때문에 장관을 하루 지냈다고 해서 연금이 지급되지는 않는다. 보통의 공무원과 같이 20년 이상 공무원 신분을 유지하면서 보험료를 납부하고 퇴직해야 온전한 연금이 지급된다. 만약 20년 미만으로 재직했을 때는 퇴직일시금을 받거나 국민연금 가입기간과의 합이 20년 이상이 되었을 때 공적연금연계제도의 적용을 받아 연계연금을 받을 수 있을 따름이다.

그런데 국회의원은 공무원연금법 적용대상이 아니다. 일반적으로 공무원이란 국가나 지방자치단체의 사무를 담당하는 모든 사람을 가리키지만 공무원연금법은 선거에 의하여 취임하는 공무원을 제외하고 있다. 국회의원은 그 신분의 특수성에 비추어 장기근속을 전제로 하는 공무원연금제도에 같이 적용하는 것이 적절하지 않기에 적용대상에서 제외하고 있는 것이다.

그래서 국회의원은 공무원연금 같은 직역연금 가입자가 아니기 때문에 원칙적으로 국민연금법의 적용대상으로서 보험료를 납부하고 일정 가입기간 요건을 채웠을 때 일반국민과 똑같이 국민연금을 받을 수 있다.

하지만 국회의원에게는 대한민국헌정회 육성법에 따라 은퇴한 국회의원(65세 이상 원로회원)에게 국가 또는 지방자치단체의 보조금 등을 재원으로 특별연금을 지급하고 있다. 즉 사망할 때까지 품위유지비 명목으로 헌정회 정관에서 정하는 일정금액을 특별연금으로 지급하고 있는 것이다. 결국 국회의원은 하루만 해도 65세가 되면 국민연금에서 평생 동안 보험료를 꼬박 꼬박 내고 받는 수준의 연금을 받게 되는 것이다.

국회의원들이 회원인 대한민국 헌정회의 경우 민주헌정을 유지·발전 시키기 위한 대의제도 연구와 정책개발 및 사회복지 향상에 공헌함을 목적으로 한 비영리 사단법인이며, 회원 후생 및 복지에 관한 사업으로 원로회원에 대하여 특별연금을 지급하고 있다. 문제는 자체적으로 경비를 조달해서 운영하는 것이 아니라 그 재원을 국가나 지방자치단체가 보조해주기 때문이다.

참고로 선거에 의하여 취임하는 공무원으로서 공무원연금법의 적용을 받지 않는 사람은 국회의원 외에도 대통령과 지방자치단체장 및 지방의회의원들이 있다. 대통령은 전직대통령예우에 관한 법률에 의하여 현직 보수의 95%에 상당하는 연금이 별도로 지급된다.

그러나 지방자치단체장과 지방의회의원들은 별도의 연금제도가 없기 때문에 일반국민이 적용대상인 국민연금법의 적용을 받는다. 지방자치단체장의 경우 원래 임명직 공무원으로서 공무원연금법의 적용을 받아 오다 1995년 지방자치제가 실시되면서 선거에 의하여 취임하게 됨에 따라 공무원연금법의 적용이 배제된 것이다.

왜 강제가입인가, 임의가입은 안 되나?

공적연금제도는 가입대상이 될 수 있는 사람에 대해서는 강제적으로 제도에 가입시키되, 임의가입은 원칙적으로 허용하지 않는다. 왜 싫다는 사람까지 강제로 제도에 가입시켜 운영해야 할까? 그것은 근본적으로 국민의 노후보장에 대한 국가책임에서 비롯된다고 할 수 있다.

싫어하든 좋아하든 국민들의 노후를 어렵지 않게 해주는 것이 복지국가의 책무라고 한다면 공적연금의 강제가입은 정당화될 수 있다. 그러나 이 주장은 경제체제가 효율적임에도 불구하고 각각의 경제주체들이 자기 자신에게 가장 유익한 행동을 하지 않을 수 있다는 가정하에 출발한다.

그렇다면 왜 개인들은 자신의 노후를 책임지는 유익한 행동을 스스로 하지 않을까? 첫째, 개인들은 근시안적(myopic)으로 행동할 가능성이 높기 때문이다. 사람들은 보통 우선 먹고 사는데 신경을 더 쓰고 노후의 뒷일을 미리 걱정하며 대비하지 않는 경향이 있다.

둘째, 높은 시간할인율(time preference)이 적용되기 때문이다. 일반적으로 우리는 미래의 것보다는 현재 손에 들어오는 돈에 더 가치를 두는 경향이 있다. 따라서 은퇴 후에 받게 되는 연금보다 지금 내는 보험료에 더 높은 가치를 부여하기 때문에 당장 보험료 내는 것을 꺼려할 수 있다.

이와 관련해서 흔히 우리는 공적연금의 강제가입 근거로 온정적 간섭주의 내지 부정주의(父情主義, paternalism)를 얘기한다. 이는 개인은 자주적인 의사결정하에서는 자신의 노년기를 위하여 충분한 저축을 하지 않을 수 있기 때문에 부모가 자녀의 행동에 관여하는 것처럼 정부가 부모와 같은 입장에서 강제적으로 노후를 대비하게 하는 것을 말한다.

한편, 정부가 개인의 노후대비에 개입하지 않을 경우 개인은 근시안적으로 행동하여 자기 자신의 행동의 귀결을 책임지지 않고 타인에게 비용을 전가시킬 수 있다. 결국 자기 자신의 노후를 준비하지 않은 사람은 공공부담이 될 것이므로 공적연금제도를 마련하여 강제적으로 연금에 가입하게 하는 것은 그 자신의 이익을 위하는 측면이 있는 한편 다른 사람의 이익을 위해서도 정당화될 수 있다는 것이다.

지금까지는 개인의 비합리적인 경제활동에 대해 국가가 개입하는 논거를 얘기했다. 그렇다면 합리적인 개인을 가정한다면 공적연금에 강제로 가입시키지 않아도 될까? 그렇지 않다. 사회적 연대(social solidarity)에 기반을 둔 공적연금은 기여와 급여 간에 연계성이 약하기 때문에 고소득자의 경우 제도가입을 회피할 수 있기 때문이다.

사람들이 모두 천사가 아닌 한 되도록 적게 내고 많이 받으려고 할 것이다. 때문에 재분배 형태의 공적연금은 고소득자가 싫어할 수밖에 없어 강제가입이 불가피한 면이 있다. 또한 보험의 역 선택(adverse selection) 방지를 위해서도 강제가입이 필요하다. 제도 가입 당사자의 숨겨진 속성에 대한 비대칭적 정보(information asymmetry)

로 인하여 오래 살 확률이 높다고 생각하는 사람들은 연금제도 가입을 선호하고 낮다고 생각하는 사람들은 회피할 가능성이 높아 결국 연금제도의 운영 자체가 어려워질 수밖에 없기 때문이다. 따라서 모든 사람들에게 공적연금의 가입을 강제할 수밖에 없다.

국민연금은 개인연금보다 못할까?

대한민국의 중산층 전업주부들 중에 많은 사람들이 개인연금 대신 국민연금에 가입한다고 한다. 그렇다면 공적연금인 국민연금에 가입하는 것이 유리할까, 민간에서 하는 개인연금 드는 것이 유리할까?

개인연금은 공적연금을 보완하는 기능을 가지고 있다. 때문에 노후를 위해서는 공적연금과 개인연금이 모두 필요하지만 굳이 어느 것이 경제적으로 유리한가를 따진다면 현세대의 경우 국민연금이 개인연금보다 훨씬 유리하다고 할 수 있다. 부분적립방식을 채택하고 있는 현재의 국민연금은 많은 비용을 후세대로 전가하면서 내는 보험료보다 훨씬 많은 연금을 약속하고 있다.

소득이 없는 국민연금 임의가입자는 중위소득을 기준으로 보험료를 납부하고 이를 기초로 연금을 받게 되는데, 중위소득자의 연금수익비는 1.9~1.16 정도나 된다.[16] 즉 내는 보험료보다 받아가는 연금이

1.9배 내지 1.16배 많은 구조로 되어 있다. 보험료가 인상되고 연금지급률이 점진적으로 체감하기 때문에 현세대의 수익비가 높고 미래세대로 갈수록 수익비가 낮다.

한편, 개인연금은 보통의 경우 내는 보험료보다 연금액이 많을 수 없다. 보험료에는 기업이익과 운영경비가 모두 포함되어야 하기 때문에 수익비는 1에 미치지 못한다. 다만, 기금운용수익률이 매우 높을 경우 개인연금의 수익비도 높을 수 있지만 통상의 경우에는 그렇지 못하다.

결국 국민연금은 내는 돈보다 받는 돈이 많고 개인연금은 내는 돈만큼 받지 못하기 때문에 개인연금 드는 것보다는 국민연금에 가입하는 것이 훨씬 유리하다. 그러나 국민연금도 수십 년이 지나 재정수지가 적자로 돌아서면 수익비를 1 이상으로 유지할 수 없다. 만약 그 이상으로 유지하려면 정부가 별도재원으로 보전해 주어야 하기 때문에 한계가 있다.

참고로 국민연금에는 개인연금에서 통상적으로 채택하고 있지 않는 연금연동제도(pension sliding)라는 것이 있어서 장기간에 걸쳐 지급되는 연금의 실질가치가 보전되는 장점이 있다. 일반적으로 연금연동의 기준은 소비자물가지수와 임금지수 혹은 두 지수의 혼합 등이 사용되고 있지만, 국민연금제도는 물가연동을 채택하고 있다. 처음 받는 연금액만 단순 비교하고 물가연동을 고려하지 않는다면 큰 착각이 일어날 수 있다.

어쨌든 현세대의 경우 국민연금이 개인연금보다 유리하지만 국민연금만으로는 노후를 안정되게 살아갈 수 없다. 국민연금으로 기본 생계비를 꾸려가고 개인연금으로 노후를 즐기며 편히 살아갈 수 있도록 개인연금에도 추가로 가입하는 것이 좋다.

기금이 고갈되면 연금제도는 어떻게 될까?

어떤 이가 술집에서 논리학 교수를 알게 되었다. 논리학이 어떤 것이냐고 묻자 논리학 교수가 실험을 해보이겠다고 했다.

- 당신 집에 잔디 깎는 기계가 있습니까?
- 있습니다.
- 그럼 넓은 뜰이 있단 얘기군요?
- 집에는 넓은 뜰이 있습니다.
- 단독주택이군요?
- 단독주택입니다.
- 가족이 있네요?

- 아내와 2명의 아이가 있습니다.

- 당신은 호모는 아니네요?

- 호모가 아닙니다.

이것이 논리학이라고 교수가 말했다. 다음날 그 사람이 친구에게 논리학을 가르쳐 주겠다고 했다.

- 너의 집에 잔디 깎는 기계 있냐?

- 아니, 없는데.

- 없어?

- 그럼 너는 호모다.

잔디 깎는 기계가 없으면 호모일 수도 있고 아닐 수도 있는데, 호모라고 단언하니 이는 오류일 수밖에 없다. 이런 것을 논리학에서 전건부정의 오류(fallacy of denying the antecedent)라 한다. 대전제가 참일 경우 소전제가 대전제를 긍정하면 결론도 참이지만 부정하는 논증의 결론은 거짓일 수 있다.

"연금기금이 많으면 연금재정은 건실하다. 공무원연금은 연금기금이 많지 않다. 그래서 공무원연금제도는 재정적으로 건실하지 않다." 이러한 논리적 추론은 타당한가? 그럴 것 같기도 하지만 이것 역시

위의 우스운 이야기의 사례와 같은 전건부정의 오류에 해당한다.

　적립방식의 연금제도에서는 연금기금이 많아야 재정이 건실하지만 부과방식의 연금제도라면 약간의 지불준비금만 있어도 굴러갈 수 있다. 때문에 기금이 없다고 연금재정이 건실하지 않은 것이 아니다. 기금이 있고 없고가 문제가 아니라 비용을 부담하는 현역세대나 미래세대가 온전하게 부담해 줄 것인지가 문제다. 결국 연금제도는 기금방식도 있고, 비기금방식도 있기 때문에 비기금방식의 경우에는 기금이 재정 건전성의 측도가 될 수 없는 것이다.

　통상적으로 어떤 연금제도이든 규모의 차이는 있을지라도 연금기금이라는 것을 조성해서 운용하고 있다. 적립방식의 연금제도에서는 연금기금이 장래의 급여 지급을 위한 책임준비금이므로 지금까지 가입한 기간에 대한 과거 근무채무를 모두 연금기금으로 가지고 있어야 한다.

　부분적립방식의 연금제도에서는 제도가 성숙되기 전까지 상당한 규모의 연금기금을 조성해 나가다가 성숙기 이후에는 그 기금을 급여자금으로 사용한 후 약간의 기금만 위험준비금 명목으로 보유해 나간다. 부과방식의 연금제도에서는 유동성 확보를 위한 지불준비금 성격의 연금기금만 가지고 있다.

　100%의 책임준비금을 조성해서 운영하는 완전적립방식의 공적연

금은 그리 흔하지 않다. 세계 많은 연금제도가 부분적립방식으로 출발했다가 후에 부과방식으로 전환하여 운영하고 있다.

우리나라의 경우 역시 공무원연금과 군인연금이 그랬고, 사립학교교직원연금이 머지않은 장래에 이들 연금의 전철을 밟게 될 것이다. 국민연금은 지금 엄청난 규모로 연금기금이 불어나고 있지만 현행 수급부담구조가 그대로 유지될 경우 결국 장래에는 기금잠식과 함께 부과방식으로 전환될 수밖에 없다.

그런데 이미 부과방식으로 전환되어 운영되고 있는 공무원연금제도 등에 대하여 많은 사람들이 오해하는 부분이 있다. 그것은 재직 중에 납부한 보험료가 연금기금으로 적립되어 있고, 이것을 퇴직할 때 일시불로 찾지 않고 매달 나누어 받는 것이 연금이라는 것이다. 그래서 공단이 연금기금만 잘 굴리면 연금재정이 어려워질 리도 없고, 연금 개혁을 할 필요도 없다고 주장한다.

공무원연금기금은 한 해에 나가는 연금에도 미치지 못한다. 게다가 앞으로는 더욱 빠른 속도로 연금지출이 늘어난다고 한다. 연금제도가 몸통이라면 연금기금은 꼬리에 불과하다. 꼬리가 몸통을 흔들 수 없듯이 연금기금 운용을 통해서 연금재정 문제를 해결할 수는 없는 것이다.

연금충당부채, 빚인가 미래책무인가?

근래에 연금충당부채(accrued pension liability)라는 말이 이슈화되고 있다. 그것은 2011 회계연도 결산부터 공무원연금과 군인연금의 연금충당부채를 국가부채로 인식하게 됨에 따른 것이다. 발생주의 국가회계 도입방침이 1998년에 발표된 이래 국가회계제도를 현금주의에서 발생주의로 전환하는 논의가 진행되어 오다 2009년 국가회계법 시행과 함께 2011년도 결산부터 발생주의회계를 근간으로 하는 국가재무제표 작성이 의무화되었다.

발생주의란 현금의 수입·지출과 상관없이 발생시점에 손익거래로 인식하는 회계원칙을 말한다. 따라서 연금제도에 발생주의를 적용한다는 것은 과거근무기간에 대한 연금지급 의무가 이미 발생한 것으로 인식하는 것이다. 이에 따라 국가회계기준에 관한 규칙과 연금회계준칙에서 국가를 사용자로 하는 공무원연금과 군인연금에 대해 연금충당부채를 평가하여 국가재무제표에 계상하도록 규정한 것이다. 참고로 국민연금과 사립학교교직원연금은 국가가 고용주체가 아니기 때문에 국가회계에서 충당부채로 인식하지 않은 것이다.

연금충당부채란 미래에 지급해야 할 연금 중에서 현재까지 가입한 기간분에 대한 금액을 말한다. 이것은 지출시기와 지출금액이 불확실한 부채로 다른 일반적인 확정부채와 차이가 있다. 따라서 국가

재정법(제91조 제2항)에서 국가재정통계상의 국가채무에 국채, 차입금, 국고채무 부담행위만 규정하고 공적연금의 연금충당부채는 포함하지 않고 있다.

또한 적립방식(funded system)의 공무원연금제도가 아니기 때문에 국가가 당장 또는 언제까지 기간을 정하여 구체적으로 그 충당부채를 공무원연금기금에 상환해야 하는 것도 아니다. 미래에 실제 지출 상황이 발생했을 때 당시에 재직하고 있는 공무원과 국가가 부담해야 할 금액일 따름이다. 결국 부과방식 공적연금의 연금충당부채란 언제까지 얼마를 갚아야 하는 빚(debt)이 아니라 미래세대가 부담해야할 책무(obligation)에 불과한 것이다.

그렇지만 공적연금에서 연금충당부채를 계산하여 회계상으로 인식하고 공유하는 것은 매우 큰 의미가 있다. 현 세대의 제도가입자와 이해관계자들이 미래세대의 부담 능력을 고려하면서 제도를 운영해야 그 제도의 지속 가능성이 확보될 수 있기 때문이다. 미래세대가 부담해야 할 몫이 얼마나 되는지 고려하지 않고 당장의 연금수지에만 관심을 가진다면 초장기성 보험제도인 연금제도의 장래는 불투명해질 수밖에 없다. 지금 우리세대가 후세대에게 얼마만큼의 연금부채를 떠넘기고 있는지, 과연 그럴만한 합당한 이유가 있는지 연금충당부채의 규모를 보면서 생각해 봐야 한다.

또한, 연금충당부채가 얼마나 되는지 아는 것은 연금제도를 이해하면서 합리적으로 다듬어가는 데 도움을 준다. 인간은 아직 알지 못하는 것을 대할 때 가장 큰 두려움을 느낀다. 그 미지의 것이 적대적인 존재일지라도 일단 정체가 밝혀지면 안도감을 느끼게 된다. 반면 상대의 정체를 알지 못하면 상상을 통해 두려움을 부풀리는 과정이 촉발된다. 그리하여 각자의 내면에 도사리고 있던 악마, 가장 위험한 존재가 나타난다.[17]

그때그때 필요한 만큼 거두어서 연금을 지급하는 부과방식의 연금체제에서 갑자기 과거근무기간에 대한 연금충당부채를 국가회계에서 인식하게 되니 당혹스럽기도 하다. 그러나 과거에 없었던 부채가 새로 생겨난 것이 아니다. 연금충당부채는 미래세대가 떠안아야 할 연금부담의 규모를 미리 알 수 있게 해주는 지표로 연금재정 장기추계와 함께 유용한 의미를 가지고 있다.

연금충당부채는 미래에 지급해야 할 연금비용 중 과거가입기간에 대해 발생한 몫으로 간단하게 정의될 수 있지만 평가방식에 따라 그 값은 다르게 나타날 수 있다. 연금회계준칙에 따르면 공무원연금과 군인연금의 연금충당부채 평가방식은 예측단위적립방식(PUCM, Projected Unit Cost Method)을 사용하며, 연금채무의 측정은 예측급여채무(PBO, Projected Benefits Obligation)의 개념을 적용하는 것을 원칙으로 하고 있다.

개략적으로 설명하면 연금충당부채는 연금수급자에게 장래 연금 수급기간 동안 지급할 것으로 추정되는 연금을 현재가치로 평가한 금액과 재직자에게 장래에 지급해야 할 연금추정지급액 중 재정상태 표일까지 귀속되는 금액(전체 추정재직기간 중 재정상태표일까지 재 직한 기간의 비율을 곱하여 산출)을 현재가치로 평가한 금액을 더하여 산출한다.

다만, 평가제도 도입 초기의 사정을 고려해서 2011년과 2012년 결산의 경우에는 PBO 대신에 다른 방법을 적용하여 산출할 수 있도록 했다. 공무원연금은 2011년 결산에서 누적급여채무방식(ABO, Accumulated Benefits Obligation)을 적용했는데, 이 방식은 PBO가 미래 보수인상을 반영하는 데 반해 미래 보수인상을 반영하지 않는 차이가 있다.

군인연금은 2011년 결산에서 확정급여채무방식(VBO, Vested Benefits Obligation)을 적용했다. PBO가 재무상태표일 현재의 연금 수급권 획득 여부에 관계없이 장래의 추정재직기간과 보수상승을 고려해서 계산하는 반면, VBO는 현시점까지의 재직기간 및 보수수준을 기준으로 산정하며 현재까지 확보된 수급자격만을 고려하므로 20년 미만 재직자에 대해서는 연금수급권을 인정하지 않고 일시금으로 평가한다.

왜 장기전망을 실시해서 미리 불안하게 하나?

아주 먼 옛날, 금과 은으로 장식된 값비싼 외투를 훔친 도둑이 진가를 모르고 은화 100닢에 그것을 팔았다. 친구가 겨우 그 값에 팔았냐고 하니 "100보다 더 큰 숫자도 있어?"라고 대꾸했다. 모르는 것이 약이 될 수도 있지만 연금제도의 장래를 모르는 것은 결코 그렇지 않다.

연금제도가 성숙되기 전에 지출이 적은 것만 보고 연금 부풀리기를 계속한다면 제도붕괴는 필연적일 수밖에 없다. 그럼에도 불구하고 많은 사람들은 당장 내년의 수지예측도 맞지 않는데 수십 년간을 전망하는 것이 무슨 의미가 있느냐고 비판한다. 괜히 맞지도 않는 전망을 발표해서 연금제도를 불안에 휩싸이게 한다거나 연금 줄이기 위한 불순한 동기에서 이런 자료를 만든다고 애꿎은 소리도 한다.

공적연금제도의 재정전망기간은 보통 60~70년 정도다. 그 이유는 연금제도에 처음 가입하여 연금수급을 마칠 때까지의 전체기간을 고려해야 하기 때문이다. 확정급여형 연금제도는 급여액을 소급해서 조정할 수 없고 약속한 대로 줘야 한다. 그래서 연금수급이 끝나는 시점까지 장기간을 추계해야 하며, 전망기간이 짧으면 온전한 연금수지의 흐름을 파악할 수 없다.

연금제도의 운영을 위한 정책결정은 과거와 현재, 그리고 미래를 한 시폭(time span)에 놓고 해야 한다. 미래 전망 없이 현재시점의 재정상태만 가지고 제도를 운영할 수는 없다. 결국 재정추계의 신뢰성에 대한 한계에도 불구하고 장기추계를 하지 않을 수 없는 것이다. 괜히 미래의 일을 지금으로 가져와서 문제를 복잡하게 하는 것이 아니다.

연금재정 장기전망이란 장기간에 걸친 연금제도의 재정수지를 추계함으로써 연금재정의 미래를 전망해보는 것이다. 이러한 재정전망은 연도별 보험료수입과 연금지출의 추이 및 장단기 재정수지 균형 여부의 판단을 가능하게 해주고, 재정 안정성이 결여될 것이 예상될 경우 적절한 재정확보계획을 수립함에 있어 가장 기초적인 수단으로 사용된다.

연금재정 추계를 위해서는 추계모형과 추계가정이 필요하다. 추계모형이란 장기간에 걸쳐 제도가입자가 제도에 가입하여 기여를 하고, 퇴직하여 연금을 수급하다 사망해 연금수급이 종료될 때까지의 전체 과정을 합리적으로 나타낸 것으로 추계설계도라 할 수 있다.

추계가정은 시뮬레이션을 위해 추계모형에 적용할 변수를 가정하는 것을 말한다. 장기재정추계는 인구학적 및 경제적 요인 등에 결정적으로 영향을 받으므로 신규가입률, 퇴직률, 사망률, 이자율, 보수인상률, 물가상승률 등의 기초율 가정이 필요하다.

이와 같은 재정추계모형과 추계가정에 의하여 계산된 재정추계 값은 현시점에서 장래에 대한 최선의 가정에 의했다 하더라도 그 가정이 실현되지 않을 수 있기 때문에 재정추계의 신뢰도가 하락할 수 있다. 따라서 가정변수의 조작을 통하여 민감도 분석을 실시하기도 한다.

한편, 이러한 재정추계 값은 장기간에 걸친 추계의 한계 때문에 어떤 특정시점의 수입과 지출규모를 판단하는 것보다는 추계 결과를 지표화해서 경향성(trends)을 판단하는 것이 더 유용할 수 있다. 흔히 사용되는 재정추계지표로는 제도가입자 대비 연금수급자의 비율을 나타내는 부양률, 전체 제도가입자의 기준소득 대비 총 보험료 수입과 연금지출의 비율을 나타내는 수입률과 지출률, 연간 연금지출액 대비 연금기금의 비율을 나타내는 적립률 등이 있다.

보통 연금재정 장기전망은 일정기간을 두고 주기적으로 실시하는데, 이를 재정재계산이라 한다. 재정재계산이란 시간이 지나면서 연금환경의 변화로 말미암아 재정전망의 정확성이 떨어질 때, 그 전망의 적절성을 회복하고 재정확보 계획을 수정하기 위해 새로이 설정된 가정에 기초하여 재정전망을 하는 것을 말한다. 보통 매5년 단위로 재정재계산을 실시한다.

만들어 가는 연금 약속

01 / 연금이란 게 뭘까?

연금제도가 작동되는 메커니즘

연금제도는 어떤 원리에 의해 작동될까? 그것은 소득이전(income transfer)이라는 메커니즘을 통해 작동된다. 개인의 생애기간 동안의 소득이전이나 세대 내·세대 간의 소득이전을 통해서 연금제도가 작동되는 것이다. 쉽게 말하자면, 젊어서 번 돈이 노후의 생활자금으로 쓰이기도 하고, 사회연대 내지 세대연대를 통하여 각자의 주머니를 서로 간에 나눠 가지기도 하는 것이 연금제도인 것이다.

우선, 개인의 생애에 걸친 소득이전을 생각해보자. 일반적으로 인생은 생애주기별로 소득과 소비가 일치하지 않는다. 유년기에는 소득은 없으나 소비는 있고, 장년기에는 대체로 소득이 소비보다 많다. 노년기에는 소비는 일정수준을 유지하나 소득이 격감하여 생활에 어려움을 겪게 된다. 이 경우 유년기를 제외하고는 스스로 자신의 생활을 감당해야 할 필요가 있는데, 이를 위해서는 근로기간 중의 일정소득을 노년기로 이전해야 한다. 적립방식(funded system)의 공적연금제도는 이러한 개인의 생애기간 동안의 소득이전에 의해 운영된다.

세대 내의 소득이전은 연금제도에 가입한 사람들 중에서 단명한 사람으로부터 장수한 사람으로 이전되는 경우와 고소득자로부터 저소득자로 이전되는 경우가 있다. 전자는 오래 살게 되는 위험의 분산(risk sharing)을 목적으로 하는 연금보험의 기능에서 나온 소득이전이며, 후자는 사회적 연대(social solidarity)에 기초하여 재분배를 목적으로 하는 공적연금의 소득이전이다. 우리나라의 공무원연금과 같은 소득비례연금에서는 재분배 기능이 없지만, 국민연금 등 많은 공적연금은 이러한 기능을 가지고 있다.

세대 간의 소득이전은 현역세대의 부담으로 퇴역세대에게 연금을 지급함으로써 이루어진다. 부과방식의 공적연금제도는 자식세대의 호주머니를 부모세대와 나누어 가지는 세대 간 부양원리에 의해 운영된다. 이 경우 현역시절에 납부한 보험료는 퇴직 후에 되돌려 받기 위한 것이 아니라 납부 당시 퇴역세대에게 연금을 지급하는 비용으로 사용되며, 나중에 본인이 받게 될 연금은 미래의 현역세대가 부담하게 된다. 이와 같이 많은 공적연금제도는 세대 간의 묵시적 계약에 따른 소득이전을 통하여 운영된다.

연금제도에 대한 국가 역할

왜 국가가 연금제도의 구축과 운영에 개입해야 하며, 이 경우 국가의 역할은 무엇인가? 일반적으로 민간경제에 대한 정부개입의 근거는 시장실패(market failure)에서 찾을 수 있다. 시장실패란 민간(시장)이 공공이 원하는 결과를 창출하지 못한 상황을 가리킨다. 연금의 경우에도 시장기능에만 맡겨놓을 경우 적정하게 소득을 보장할 수 없기 때문에 정부가 개입하며, 이 경우 국가는 대체로 다음의 두 가지 역할을 수행한다.

첫째, 국가는 연금규제자(regulator)로서의 역할을 수행한다. 공적연금의 경우 국가가 법률로써 제도 전반에 관한 규제를 행한다. 강제적으로 제도에 가입시켜 비용을 징수하고, 미리 설정된 기준에 따라 획일적으로 연금을 지급한다. 이 경우 국민의 소득상실에 공동대응하기 위한 효율성 차원과 재분배 실현 등 사회정의 차원에서 국가가 개입하는 것으로 이해할 수 있다.

사적연금의 경우 세제지원을 통하여 노후보장연금의 가입을 유인하거나 근로자들이 어떤 대우를 받아야 하는가에 관하여 정부가 규제를 행한다. 그리고 개인이나 근로자가 납부하거나 세제혜택 등을 통해서 적립된 연금기금이 최대한 효율적이고 효과적으로 사용되도록 규제한다. 또한 퇴직연금제도의 재무건전성 확보를 위한 정부규제도 중요한데, 이것은 적립금과 책임준비금의 평가와 개선에 관한 규제를 말한다.

둘째, 국가는 연금제공자(provider)로서의 역할을 수행한다. 사적연금의 경우에는 국가가 주로 규제자로서의 역할을 하는 반면, 공적연금의 경우에는 국가가 직접 제공자로서 역할을 수행하는 경우도 있다. 특히 전 국민에게 공통으로 제공되는 기초연금(basic pension)은 연금지출의 전부 또는 일부를 국가가 조세수입으로 충당한다. 그리고 공무원연금과 같이 사용자가 국가인 경우에는 정부가 비용부담 주체로서 제공자의 역할을 하기도 한다.

한편, 고령사회의 도래와 함께 연금제도에 대한 비용부담이 커지면서 공적연금이 민영화되는 경향도 나타나고 있다. 이것은 연금에 대한 국가개입이 원하는 결과를 가져오지 못하는 정부실패(government failure)가 원인일 수 있다.

영국의 소득비례보충연금(SERPS)에서 1978년에 도입된 적용제외제도(contracting-out)는 근로자들이 SERPS 대신 민간의 직역연금이나 개인연금에 가입할 수 있게 함으로써 민영화의 사례가 될 수 있다. 또한, 네덜란드 공무원연금(ABP)의 경우 1996년 민영화가 이루어져서 정부재정 의존성에서 벗어나 사회적 파트너 간의 협상에 의해 제도가 운영되기도 한다. 이러한 공적연금의 민영화는 비용부담률과 연금지급률 결정에 있어 장기적 재정안정을 무시한 채 정치적으로 결정되는 것을 막는 효과도 있다.

연금제도의 정치적 특성

공적연금은 사회보험의 한 종류지만 보험원리뿐만 아니라 부양원리에도 바탕을 두고 있다. 이것은 공적연금이 사회보장의 일환으로써 국민생활의 보장과 안정, 나아가서는 사회의 안정까지 도모하는 것을 목적으로, 보험원리에 얽매이지 않고 제도를 구축할 필요가 있기 때문이다. 이러한 공적연금의 특성상 보험료 납부와 연금급여 간의 연계성이 부족할 수밖에 없고, 보험수리보다는 오히려 정치적으로 제도내용이 결정될 여지가 크다.

이와 같이 공적연금제도는 정치적으로 결정되기 때문에 민주주의 정치하에서는 그것을 어떻게 구축하는 가에 대해 국민적 합의를 얻는 것이 중요하다. 아무리 바람직한 개혁안이라 하더라도 국민적 합의를 얻지 못하면 실행에 옮길 수 없다. 또한 한 시대에 국민적 합의를 얻었다 할지라도 이것이 다음 세대에 받아들여지지 않으면 다음

세대는 그것을 정치적으로 바꿀 수 있다. 따라서 공적연금제도는 다음 세대가 납득할 수 있도록 장기적인 관점에서 구축할 필요가 있다.

현실적인 면에서 연금문제가 기본적으로 어려운 것은 대부분의 정치가들이 고려하는 기간보다 훨씬 장기간에 걸쳐 제도가 유지되어야 한다는 점이다. 정치가들은 선거구민들을 의식하고 연금급여의 충실에만 열중하여 그에 따른 부담을 장래의 세대에 전가하는 선택을 하는 경향이 있기 때문이다. 정치가들의 이러한 선택으로 연금제도는 장기적 안정의 기초를 상실하기도 한다. 따라서 연금 개혁은 보험수리와 사회적 합리성에 근거를 두어야 할 뿐만 아니라 정치적으로 실현가능한 선택을 해야 하는 어려운 과정이다.

한편, 공적연금제도에서는 등가교환의 원리에 입각한 개인적 형평성(individual equity)뿐 아니라 사회적 적절성(social adequacy)의 두 가지 요소가 필요하다. 그러나 종종 득이냐 실이냐 하는 전자만의 기준으로 연금제도를 판단하고 후자를 무시한 논의가 이루어지기도 한다.

또한 공적연금제도는 사회적·경제적 및 정치적으로 다양한 목적이나 기능을 가지고 있는데도 경제적인 효율성만으로 연금제도를 판단하는 경우가 있다. 공적연금제도에 대한 구체적인 정책 형성에 있어서는 경제적 효율성을 고려해야 하는 것은 말할 것도 없지만 그것만으로 판단하는 것은 불충분하며 사회·정치적인 다양한 요소를 고려해서 종합적으로 판단해야 한다.

연금제도의 역사적 전개[18)]

　노령연금에 관한 연구에서 자주 거론되는 것이 19세기 말 독일과 덴마크에 도입된 뚜렷이 구별되는 두 가지 연금모델이다. 독일은 1889년 산업노동자를 위한 연금프로그램을 도입했는데, 이 프로그램은 퇴직자에게 경제생활 당시의 소득과 연계해서 일정 수준의 수입을 보장해 주기 위한 것이었다. 이와 대조적으로 덴마크는 1891년 빈곤층을 대상으로 자산조사(means test)에 의한 연금프로그램을 도입했다.

　이 두 가지 연금모델은 도입목적이 서로 달랐다. 비스마르크(Bismarck)가 1889년에 도입한 독일의 노령연금은 당시 독일사회에 만연해 있던 마르크시즘(Marxism)의 영향으로 노동운동이 고조되는 것을 막기 위한 정치적 프로젝트의 일환이었다. 즉 개인의 복리증진에 동기가 있었다기보다는 산업노동자 계층의 삶의 조건을 개선함으로써 전제군주체제에 대한 위협의 제거에 목적이 있었던 것이다. 한편, 덴마크의 연금제도는 독일과 같은 정치적 의도 없이 기존의 복지체계를 현대화하여 전 국민의 빈곤을 완화하는 것을 목적으로 도입되었다.

　이렇듯 서로 다른 목적을 가지고 출발했기 때문에 연금운영방식도 달랐다. 독일의 경우 사용자와 피용자가 공동 부담하는 보험료를 재원으로 소득비례연금을 제공했으며, 덴마크의 경우 조세를 재원으로 자산조사에 의한 정률(flat-rate)의 연금을 지급했다.

이후 다른 국가들도 대체로 독일과 덴마크의 예를 따르게 되었다. 독일의 예는 유럽대륙의 국가들이 도입했다. 프랑스는 1차 대전 후 알자스(Alsace)와 로렌(Lorraine)지역의 재병합 여파로 연금제도를 도입했다. 이 지역은 전쟁 전에는 독일의 영토였기 때문에 이미 사회보험제도를 가지고 있었는데, 이것이 1930년 프랑스 전역으로 확대된 것이다. 이탈리아는 1919년 산업노동자를 대상으로 하는 연금프로그램을 도입했고, 스위스는 1948년 연방 연금프로그램을 도입했다.

한편, 그 외 북유럽 국가들은 어느 정도 차이는 있었지만 덴마크의 모델을 도입했으며, 미국을 제외한 영어권 국가들도 이 모델을 도입했다. 1898년 뉴질랜드, 1908년 영국, 1913년 스웨덴, 1936년 노르웨이가 덴마크모델을 각각 도입했다. 미국은 1936년에 독일모델에 더 가까운 소득비례연금을 도입했다.

이 두 가지 연금모델은 각기 다른 동기를 가지고 현대 복지제도를 창시했던 인물의 이름을 빌어 독일모델은 비스마르크(Bismarck)형, 덴마크모델은 비버리지(Beveridge)형으로 불리는 사례가 많다. 참고로 덴마크모델이 비버리지형으로 통칭되는 이유는 이 모델의 사회정책목표가 1942년 영국의 〈비버리지보고서〉의 정책목표의 하나였던 '전 국민의 가난으로부터의 해방(freedom from want)'에 초점이 맞추어진 데서 유래한다.

세계의 대다수 국가들이 이 두 가지 연금모델 중 하나를 채택했지만 현재의 공적연금제도는 전체적인 모습을 볼 때 수렴현상을 보이고 있다. 그것은 공적연금의 적용대상이 전 국민으로 확대되면서 대체로 다층체계(multi-tiered system)의 모습을 띄게 된 것이다. 즉 전 국민의 기초소득보장을 목적으로 하는 기초연금(basic pension)과 각 개인의 경제활동 당시의 생활수준에 가까운 보장을 목적으로 하는 소득비례 보충연금(supplementary pension)으로 이원화되고 있는 것이다. 하지만, 여전히 단일체계의 공적연금제도를 유지하는 국가들도 있다.

노후소득을 보장하는 다층시스템

우리는 흔히 노후의 소득보장체계와 관련하여 다층(多層)체계(multi-tiered system)나 다주(多柱)체계(multi-pillar system)를 얘기하기도 한다. 다층체계란 소득보장체계가 여러 층으로 되어 있는 제도를 가리키며, 다주체계란 노후의 소득보장을 위하여 여러 기둥이 받치고 있는 형태를 가리킨다. 층(tier)이든 기둥(pillar)이든 표현상의 차이에 불과하며, 결국 노후소득보장을 위한 상호 보완체계를 의미한다.

사회보장선진국들은 노후의 소득감소에 따른 문제를 대처함에 있어서 대체로 3층 보장체계(three-tiered system)를 발전시켜 오고 있

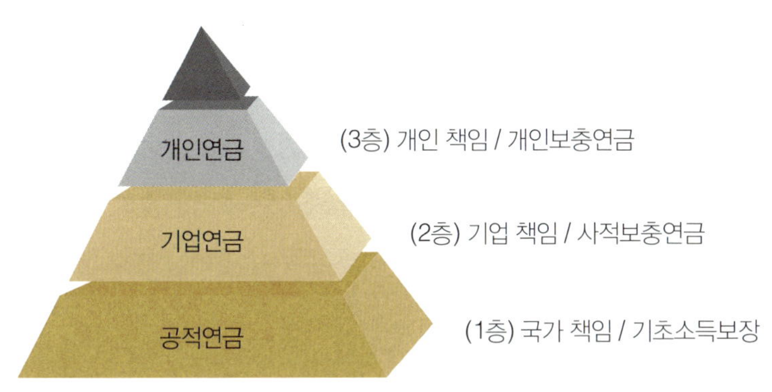

다. 3층 보장의 사상은 국민적 최저보장(national minimum)을 토대로 한 공적연금을 주축으로 그 위에 기업의 사회적 책임에 의한 기업연금과 개인의 자조에 의한 세제우대 개인연금 등을 얹어서 고령자의 소득보장을 추구하는 것이 바람직하다는 것이다. 결국 개인의 노후 소득보장에 대해 국가와 기업 그리고 개인이 공동으로 대처해 나가자는 것이 3층 소득보장의 사상이라 할 수 있다.

공적연금제도가 추구하는 것은 국민의 기초생활보장이다. 연금 가지고 골프 치고, 자식들 유학 보내는 등 이런 것들은 공적연금이 맡을 부분이 아니다. 더구나 고령화 사회에 접어들면서 공적연금의 재정 부담은 늘어만 간다. 3층 연금 중에서 재정적으로 가장 어려움을 겪는 것이 1층의 공적연금이다.

이에 따라 사회보장선진국들의 연금 개혁은 주로 공적연금의 의존도를 줄이고 기업연금 등 사적연금의 역할을 증대시키는 방향으로 추진되는 경향이 있다. 아무튼 1층의 공적연금과 2, 3층의 사적연금의 균형 있는 역할 분담이 필요하다. 한편, 1층 공적연금의 사각지대를 보충하기 위해 조세를 재원으로 기초생계비를 지급하는 0층의 공적부조제도를 덧붙여 4층 보장체계를 얘기하기도 한다.

공적연금과 사적연금

연금제도에는 국가 책임으로 운영되는 공적연금(public pension)과 기업이나 개인의 책임으로 운영되는 사적연금(private pension)이 있다. 공적연금이 기초소득 보장을 목적으로 한다면, 사적연금은 공적연금의 부족한 부분을 보충하기 위한 연금이다.

많은 사회보장선진국들은 노후의 소득보장수단으로 다층소득보장제도(multi-tiered system)를 발전시켜 왔다. 이것은 국가 차원의 공적연금을 기초로, 기업 차원의 퇴직연금과 개인 차원의 개인연금 등 사적연금을 보완적으로 실시하는 것을 말한다. 이러한 다층보장체계는 국가마다 그 성격과 역할에 있어 약간씩 차이가 있으나 기본적으로는 노후소득보장의 상호보완체계를 의미한다. 공적연금과 사적연금 간의 균형 있는 역할분담이야 말로 급격히 도래하는 고령사회에 대비하기 위한 중요한 정책과제다.

공적연금은 사회보험(social insurance)에 속한다. 사회보험은 '사회+보험'이 말해 주듯이 사회 연대성(solidarity)의 원리와 민간보험의 원리를 접목한 것으로 이해할 수 있다. 여기서 사회 연대성이란 재분배 구조 등을 통해 경제적, 사회적 약자에 대한 법적보장을 실현하는 것이고, 민간보험이란 인간생활에서 발생하는 위험을 보험이라는 메커니즘을 통해서 분산(risk sharing)시키는 것으로 이해할 수 있다. 따라서 공적연금은 국가가 사회정책을 수행하기 위하여 보험의 원리와 방식을 도입하여 만든 사회경제제도라고 요약하기도 한다.[18]

사적연금은 기업이나 개인이 민영보험회사의 연금 상품을 구입하는 방식으로 운영된다. 이때 보험자와 피보험자의 관계는 공적연금이 법률에 의해 형성되는 것과는 달리 양자의 계약에 의해 형성되며, 이 과정은 사적자치의 원리에 의해 지배된다. 이러한 사적연금은 공적연금의 노후소득원으로써의 기능 약화와 함께 이를 보완하기 위한 수단으로 중요시되고 있으며, 공적연금의 민영화(privatization) 경향도 사적연금의 활성화를 부추긴다. 참고로, 공적연금은 고령사회의 도래와 함께 재정위기가 부각되면서 연금 개혁을 통해 그 역할이 축소되거나 민영화되는 경향을 보이기도 한다.

우리나라는 공적연금이 먼저 도입된 후 근래에 사적연금이 도입되어 활성화되고 있다. 공적연금으로는 공무원연금이 1960년에 도입된 이래 1963년에 군인연금, 1975년에 사학연금이 도입되었고, 일반 국민을 대상으로 하는 국민연금이 1988년에 도입되었다. 통상적으로 공적연금제도는 모든 국민을 포괄적으로 적용대상으로 하거나 공무원 등 특수직역종사자에 대해서는 별도의 제도로 실시하는 경우가 있는데, 우리나라는 후자에 해당된다.

사적연금으로는 개인연금제도가 1994년에 도입된 데 이어 2005년 퇴직급여제도가 시행됨으로써 다층 노후소득보장제도의 기틀이 마련되었다. 여기서 퇴직급여제도란 기존의 근로기준법상의 퇴직금제도가 근로자의 수급권 강화차원에서 근로자퇴직급여보장법에 의한 퇴직연금제도로 전환된 것이다.

사회보험, 부조, 부양방식의 연금

공적연금제도는 보통 사회보험(social insurance)방식으로 운영되고 있다. 사회보험은 자신이 낸 보험료에 기초하여 연금 혜택을 받는 보험(insurance)의 원리에 경제적, 사회적 약자에 대한 보장을 실현할 수 있도록 사회연대성(social solidarity)의 원리를 접목한 것으로 이해할 수 있다.

사회보험방식의 공적연금은 미리 일정액의 보험료(contribution, premium)를 납입하고 현실적으로 위험이 발생했을 때, 욕구(needs)에 대한 심사 없이 가입자의 법적권리로 정해진 연금을 받을 수 있다. 젊은 시절부터 장기간에 걸쳐 노후준비를 할 수 있기 때문에 위험분산(risk sharing)이라는 측면에서도 장점이 있다. 또한 보통 국가예산을 보조하지 않으면서 적립된 기금을 자본시장 활성화에 활용할 수 있는 국민경제적인 효과도 있다.

사회보험방식 연금의 시원은 19세기 말 독일의 비스마르크(Bismarck)가 실시한 노령연금까지 거슬러 올라간다. 우리나라의 경우 1960년 공무원연금제도를 시작으로 군인연금, 사립학교교직원연금 및 국민연금이 모두 사회보험방식으로 도입되었다.

한편, 사회보험은 보험료의 납부가 전제되기 때문에 많든 적든 간에 소득능력이 있는 사람들을 대상으로 할 수밖에 없다. 그렇다면 소득능력이 없는 사람들에 대한 노후빈곤문제는 국가가 어떤 방법으로 해결할까?

이를 위해 많은 국가들은 정부예산을 직접 투입하는 부조(assistance) 방식의 연금제도를 운영하기도 한다. 부조연금은 빈곤노인에게 자산조사(means test) 등을 거쳐 일정 금액을 무상으로 지급하므로 보험료를 납부하지 못한 빈곤노인을 당장 보살필 수 있는 장점이 있다. 반면, 정부예산이 들고 수급자가 가난한 사람으로 낙인이 찍히는 단점이 있다.

또한 이러한 부조방식의 연금은 자칫 수혜계층의 근로의욕과 저축의욕을 감소시켜 결과적으로 사회전체의 생산력을 저하시킨다는 사마리탄의 딜레마(Samaritan's dilemma)가 발생할 소지도 크다.[20] 우리나라의 경우 젊은 시절의 소득능력 유무와 관계없이 국민연금제도가 늦게 도입되어 연금이 없는 빈곤한 노인세대들을 위해 2008년부터 기초노령연금제도를 도입해서 운영하고 있다.

공적연금에는 보험이나 부조방식이 아닌 또 다른 형태의 연금도 있다. 일부국가의 공무원연금제도가 채택하고 있는 은급(恩給) 형태의 부양(扶養)방식이 그것이다. 부양제도는 군신 간의 충성관계를 기반으로 군주가 신하들을 죽을 때까지 부양하는 전통에서 유래했다.

신분제공무원제도를 채택하고 있는 국가들이 일반적으로 부양원리에 의한 공무원연금제도를 운영하고 있다. 일반 공적연금의 경우 재원부담자는 그 공적연금제도의 가입자인 근로자 자신이거나 사용자와 공동부담인 반면, 부양연금은 연금지급채무자가 국가이고 연금지급을 위한 재원부담자가 국민이다. 독일의 공무원부양연금제도는 부양제도의 대표적인 예로써 공무원의 보험료 납부 없이 전액 국가예산으로 운영되고 있다.

우리나라 공무원연금과 군인연금도 제도가입자와 국가가 보험료를 공동으로 납부하는 사회보험의 형태를 띠고 있지만, 연금지급에 부족한 재원을 국가가 사용자로서 책임(open-ended liability)을 지고 있기 때문에 부양연금으로써의 성격도 함께 가지고 있다고 보아야 할 것이다.

DB와 DC, 그리고 NDC

연금제도는 급여결정방식에 따라 확정급여형(DB, Defined Benefits Plan)과 확정기여형(DC, Defined Contribution Plan)으로 구분한다. 확정급여제도란 연금급여의 수준이 사전에 결정되고 그 결정된 연금 지출을 충당하기 위해 보험료의 수준을 조정해 나가는 방식이다. 확정기여제도란 제도가입기간 중에 납부하는 보험료의 수준이 확정되어 있고 납부한 보험료와 그 운영수익의 합계에 기초하여 연금액이 결정되는 방식이다.

확정급여형의 연금은 대체로 개인의 제도가입기간과 소득을 기초로 미리 결정된 급여산식에 따라 결정된다. 공적연금은 사회보장제도의 일환으로 노후소득보장의 역할을 맡고 있다. 때문에 우선 노후소득으로써 보장해야 할 급여의 수준을 미리 결정해야 할 필요가 있어 대체로 확정급여(defined benefits plan)의 형태로 운영된다.

확정급여형의 연금제도에서 재정운영방식은 적립방식과 부과방식 등 다양하지만 어떤 재정방식의 경우에도 사전에 결정된 연금을 보장하기 위해서는 보험료 조정 등 연금재정 문제를 해결해 나가야 하는 과제를 안고 있다. 만약 보험료 인상으로 연금재정 문제가 해결되지 않는다면 아무리 확정급여형의 연금이라 하더라도 연금수준을 조정할 수밖에 없다.

한편, 공적연금의 경우에도 사적연금에서와 같이 연금급여의 수준을 사전에 결정하지 않고, 가입기간 중에 납부한 보험료와 그 운영수익의 합계에 기초하여 연금액을 결정하는 확정기여제도(defined contribution plan)를 실시하는 경우가 있다.

이러한 예로는 칠레와 싱가포르 등 일부 국가에서 채택하고 있는 강제저축방식의 연금제도를 들 수 있다. 확정기여형 제도에서는 개인계정에 적립된 기여금과 그 이자수입에 의해 연금액이 결정되기 때문에 연금재정문제는 발생될 여지가 없다. 반면에 물가상승, 경기침체에 따른 투자수익 감소, 기대수명 연장 등의 위험들이 원칙적으로 개인에게 전가되어 노후보장이 취약해질 수 있다.

또한 부과방식하에서 확정기여방식의 원리를 접목한 명목확정기여방식(NDC, Notional Defined Contribution Plan)을 채택한 나라도 있는데, 스웨덴과 이탈리아가 연금 개혁에서 이 방식을 도입했다. 이

제도는 연금가입자의 기여금을 개인별 명목계정(notional account)에 귀속시키되, 실제로는 적립금액이 없이 부과방식으로 운영하는 방식을 말한다.

명목확정기여방식은 본인의 적립금액을 기초로 연금을 산정한다. 따라서 연금재정 문제의 해결을 위해 제도개선을 하는 경우에도 지급하기로 약속되어 있는 급여총액에 대한 안전장치를 제공함으로써 제도가입자들의 반발을 최소화할 수 있는 장점이 있다.

세대 간 부양시스템

일반적으로 연금은 본인이 납부한 보험료를 만기가 되었거나 퇴직했을 때 되돌려 받는 것 정도로 생각한다. 그러나 이것은 개인연금이나 기업연금 등 사적연금에서 주로 적용되는 방식이다.

이와 달리 공적연금제도에서는 대체로 세대 간 부양이라는 방식을 채택하고 있다. 이 방식은 현역시절에 납부한 보험료는 퇴직 후에 되돌려 받기 위한 것이 아니라 납부 당시의 퇴역세대에게 연금을 지급하는 비용으로 사용되며, 나중에 본인이 지급받게 될 연금은 미래의 현역세대가 부담하게 되는 시스템을 말한다.

세대 간 부양은 과거에 가족 내에서 자식이 부모를 부양하던 것이 사회 전체적으로 자식세대가 부모세대를 부양하는 체제로 전환된 것으로 이해할 수 있다. 이러한 세대 간 부양시스템은 세대 간의 묵시적 계약에 의해 운영된다. 이 경우 기여행위는 연금을 받을 권리를 부여받기 위한 것이지 엄밀한 의미에서 보험료를 납부하는 것은 아닐 수도 있다.

세대 간 부양을 기반으로 운영되는 공적연금제도는 재정방식 측면에서 볼 때 현재 근로세대에게 재원을 부담시키는 부과방식(pay-as-you-go system)이다. 이는 일정기간 동안의 연금비용을 그 기간 동안의 근로세대로부터 조달하는 방식으로써, 자식세대의 생산 활동으로부터의 분배에 기초하여 연금이 지급되는 방식이다.

이러한 세대 간 부양시스템은 후세대로 비용을 전가하는 형태로 되어 있는 반면, 연금구조를 결정하는 시점에서 후세대는 실질적으로 정치적인 발언권이 없다. 재원부족분을 승계하는 자가 사실상 제도 내용의 결정에는 참가할 수 없는 것이다. 따라서 정치적으로 발언권이 없는 후세대를 구속하는 세대 간 부양방식은 부족분을 후세대로 전가하려는 무책임 때문에 자칫 불공평한 제도가 될 수 있다. 이런 의미에서 장래세대에게 부담을 전가하는 부과방식의 세대 간 부양시스템은 폰지 게임(ponzi game)[21]과 같이 불공정할 뿐 아니라 무책임하다는 지적을 받기도 한다.

 가난한 노년 탈출, 연금이 해답이다

한편, 모든 공적연금제도가 세대 간 부양원리에 의하여 운영되는 것은 아니다. 적립방식의 연금제도 내지는 강제저축방식의 공적연금제도가 있기 때문이다. 그러나 대부분의 공적연금제도는 부과방식을 기초로 운영되고 있다.

적립방식(funded system)을 기초로 연금제도를 도입한 많은 사회보장 선진국들의 경우에도 높은 인플레이션에 의한 기금가치의 하락과 지속적인 급여수준의 인상 및 평균수명의 연장에 따른 인구구조의 고령화 등으로 연금재정이 위기에 직면했다. 이러한 재정문제를 해결하기 위해 각국 정부는 현재 근로세대에게 재원을 부담시키는 부과방식(pay-as-you-go system)으로 전환하는 경향이 있었다.

적립방식과 부과방식

확정기여형(DC) 연금제도는 납부하는 보험료와 적립기금의 운용수익으로 연금을 지급하기 때문에 완전적립방식으로 운영될 수밖에 없다. 그러나 확정급여형(DB)의 연금제도는 장기적인 연금지출에 소요되는 금액을 지속적으로 충당해 나가기 위한 다양한 재정운영방식이 추가로 요구된다.

일반적으로 연금제도는 도입초기에 연금지출이 적고 제도가 성숙

되면서 점차 연금지출이 늘어나게 되며, 성숙단계 이후에는 일정수
준이 유지된다. 그 이유는 제도 초기에는 연금수급자가 적고 가입기
간이 짧아 연금액이 적지만 제도가 성숙되면서 연금수급자와 연금액
이 늘어나기 때문이다.

이와 같은 장래의 연금지출에 대하여 그 비용을 어떻게 조달할 것
인가에 대한 계획을 연금재정 운영방식이라고 한다. 즉 연금급여의
지급에 필요한 재원을 어느 시기에 어느 정도를 조달할 것인가에 대
한 계획을 연금재정 운영방식이라고 한다.

대표적인 연금재정 운영방식으로는 적립방식(funded system)과 부
과방식(pay-as-you-go system)이 있다.

적립방식은 제도가입자의 미래연금비용, 퇴직률, 사망률 및 시장이
자율 등을 고려하여 장기적인 차원에서 보험수리적인 균형을 유지할
수 있는 평준보험료 수준을 결정한 후 계속 같은 수준을 유지해 나가
는 방식이다. 이러한 적립방식하에서는 미래 급여지출에 필요한 준
비금을 미리 기금으로 적립하게 되는데, 급여지출에 필요한 금액 전
부를 기금에 적립해 나가는 완전적립방식(full funding)과 일부만을
적립하는 부분적립방식(partial funding)으로 구분된다. 부분적립방식
의 경우 미적립채무(unfunded liability)가 발생되며, 결국 제도성숙기
에 가서는 부과방식으로 전환될 수밖에 없다.

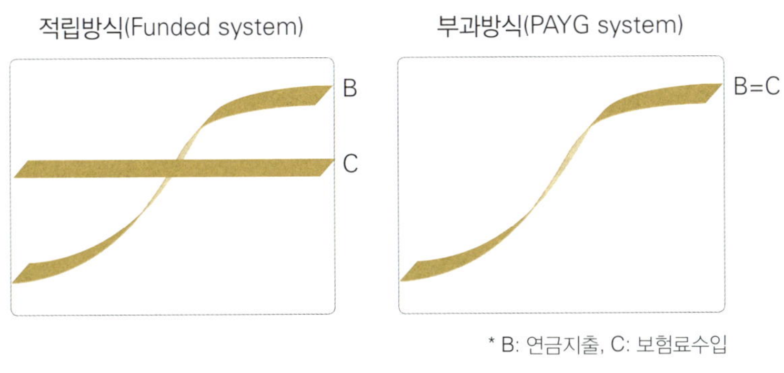

부과방식은 각 시점의 퇴직자에 대한 퇴직급여 소요분을 충당할 수 있는 만큼의 보험료를 매년 갹출하는 방식이다. 따라서 제도가입자의 퇴직으로 인한 지출소요가 발생하기 전까지는 보험료의 갹출이 없으며, 납부된 보험료는 해당시점의 급여지출만을 충당할 뿐 미래 지출에 대한 보험료 부과는 없다. 이러한 부과방식은 제도가입자의 급여 혜택과 보험료 부담 간의 보험수리적인 균형을 추구하기보다는 세대 간의 재정이전을 통해 전체 제도의 재정수지 균형유지에 중점을 두는 제도다.

결국 부과방식의 연금제도는 현역세대가 연금비용을 계속 부담해 준다면 적립기금 없이 약간의 지불준비금만으로도 영속적으로 운영될 수 있다. 그런데 이 부과방식이 온전하게 유지되기 위해서는 연금급여의 수준이 미래세대의 부담능력을 초과하지 않아야 되며 세대 간의 형평성이 결여되어서도 곤란하다.

적립방식과 부과방식의 외형상의 차이는 적립방식이 장래의 전체 연금가입자에게 지불해야 할 연금급여액의 현가, 즉 연금채무액을 적립기금으로 보유하는 한편, 부과방식은 연금채무액을 보유하지 않고 단기간의 급여지출에 필요한 급여준비금만을 보유하는 것이다. 이러한 적립방식과 부과방식은 각기 장·단점을 가지고 있다.

적립방식의 경우에는 인플레이션과 임금수준의 변동에 따른 위험 및 투자위험에 대한 대응에 한계가 있다. 그러나 세대 간의 소득재분배를 부정하고 각 세대가 독립해 있기 때문에 고령화와 같은 인구구성 변화가 있더라도 재정문제가 발생되지 않는다.

반면에 부과방식은 세대 간 부양을 기초로 하기 때문에 인플레이션이나 임금수준의 변동과 같은 위험에 대해서도 충분히 대응할 수 있다. 그러나 인구구성 및 경제성장 정도에 의존하므로 고령화가 진전되거나 경제성장이 둔화되는 상황에서는 후세대의 부담이 가중되는 단점이 있다.

02 만만치 않은 연금운영

초고령사회[22]

"타임머신을 타고 2040년대를 가본다. 지하철 안을 둘러보아도 경로우대석이 없다. 옆에 있는 노인에게 물어보니, 죄다 노인인데 경로우대석이 왜 필요하냐는 핀잔이다. 서 있는 노인 앞에 한 젊은이가 앉아서 눈만 말똥거리고 있어 꾸짖으려니 천연기념물이니 건드리지 말란다."

통계청이 추계한 인구피라미드의 변화를 살펴보면 이 얘기를 실감할 수 있을 것 같다.

2011년의 인구구성은 중간연령이 많아서 가운데가 불룩하다. 반면 2040년이 되면 고령인구가 많아져서 상층부가 불룩한 구조가 된다.

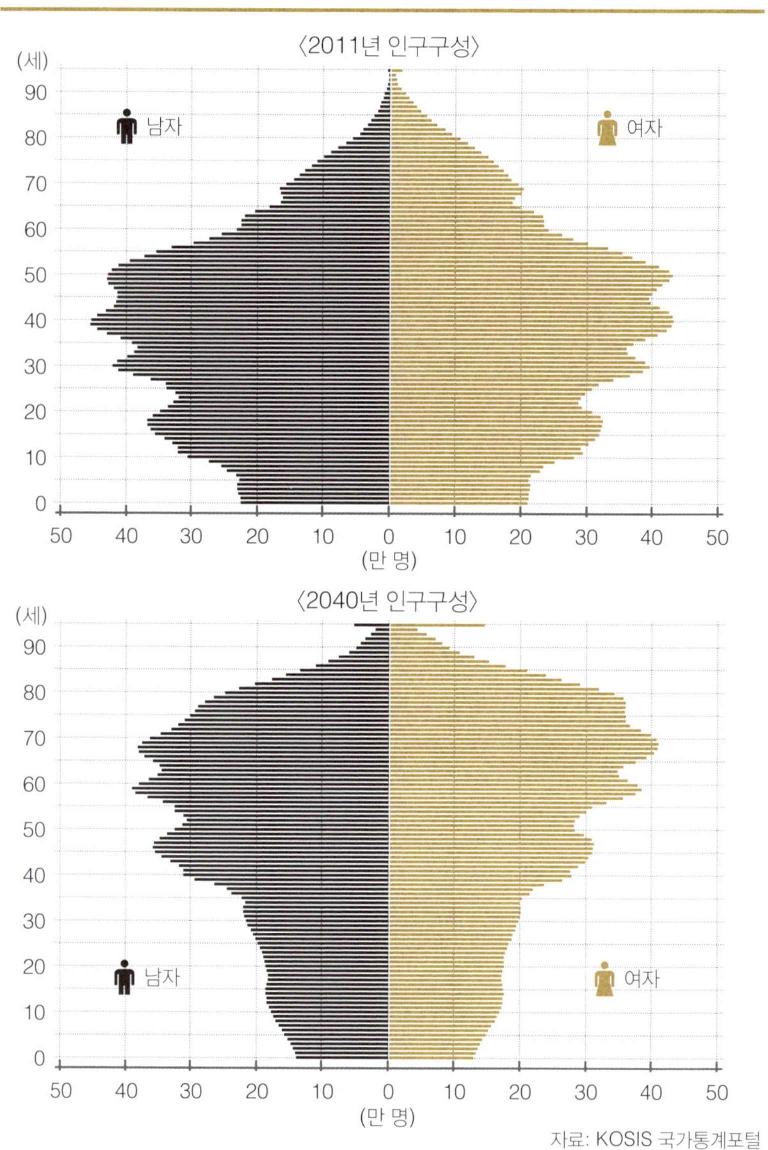

 가난한 노년 탈출, 연금이 해답이다

이러한 전망은 낮은 출산율 때문에 유소년 인구와 생산활동 인구가 줄어드는 반면, 평균수명이 지속적으로 늘어나고 있는 가운데 1차 베이비붐세대(1955~1963년생)가 노년층의 대부분을 차지하게 되기 때문이다.

2011년 대비 2040년의 인구구성은 우리나라 전체인구가 100명으로 고정되어 있다고 가정하면 14세 이하의 유소년인구는 16명에서 10명으로 줄어들고, 15세 이상 64세 이하 생산 활동 인구는 73명에서 57명으로 줄어든다. 반면 65세 이상 노인인구는 11명에서 33명으로 늘어난다.[23] 물론, "무턱대고 낳다 보면 거지꼴 못 면한다"고 가족계획 캠페인을 벌이던 옛날의 한 가정 6남매 시절이 지금의 한 가정 1.2명의 시대로 바뀌어 출산장려정책까지 실시하게 된 것을 보면 이러한 고령화 전망이 틀릴 수도 있겠다. 그러나 수명 100세시대를 내다볼 때 고령화의 덫은 분명히 찾아올 것 같다.

참고로 국제연합(UN)에 따르면 65세 이상 노인의 비율이 전체인구의 7~13%이면 고령화사회(aging society), 14~20%이면 고령사회(aged society), 21%를 넘어서면 초고령사회(ultra-aged society)라 한다. 2040년의 우리나라는 노인인구의 비율이 33%나 되는 초고령의 늙은 대한민국이 될 전망이다.

현직 1명이 연금수급자 1명 부양

산업화 이후의 노인세대들은 직장에서 은퇴하면 할 일이 없다. 그 전 세대 노인들은 한 집안의 어른으로서 권위와 역할을 가지고 자식들의 공양도 받았지만 이제는 그렇지 않다. 젊은세대들은 자신들도 벌어먹기 바빠서 은퇴한 부모세대에게 "우리들에게 의지하지 말고 알아서 사세요"라고 당돌하게 말한다.

국가가 나서서 부모세대의 노후를 보장할 수밖에 없다. 이래서 생겨난 것이 공적연금제도(public pension system)일 것이다. 지난 시절 가정 안에서 지식이 부모를 부양하던 것이 사회 전체적으로 자식세대가 부모세대를 부양하는 시스템으로 바뀐 것이다.

공적연금은 세대 간 부양에 기초를 두고 있기 때문에 비용을 부담하는 자식세대 인구와 연금을 받는 부모세대 인구의 비율을 가리키는 부양률이 매우 중요한 지표가 된다. 앞으로 부양률은 계속 상승할 것으로 전망된다. 낮은 출산율과 수명연장 때문이다. 두 부부가 한 명의 자식을 키우다가 30여 년이 지나 노인이 되면, 자식 혼자서 두 부모를 부양해야 한다.

자식이 결혼하면 자식 부부 둘은 양가 부모 네 명을 부양해야 한다. 합계출산율이 1.2에도 미치지 못하는 현재의 젊은세대가 노인세대가 되었을 때는 아마 이런 모습이 될 것이다. 수명 100세시대를 내다보

며 조부모세대까지 부양해야 하는 것을 감안하면 부양률은 더 높아
진다.

통계청이 추계한 우리나라의 노년부양비 전망을 살펴보면 2011년
15.5%에서 2020년 21.7%, 2030년 37.7%, 2040년 56.7%, 2050년에
는 88.8%까지 올라간다. 여기서 노년부양비란 15~64세의 경제활동
인구 대비 65세 이상의 노인인구 비율을 말한다. 하지만, 통상적인 소
득활동기간이 30~60세까지 30년 정도인 것을 고려한다면 실질적인
노년부양비는 이보다 훨씬 높을 것이다.

우리나라의 대표적 공적연금인 공무원연금제도와 국민연금제도의

공무원연금과 국민연금의 부양률 전망

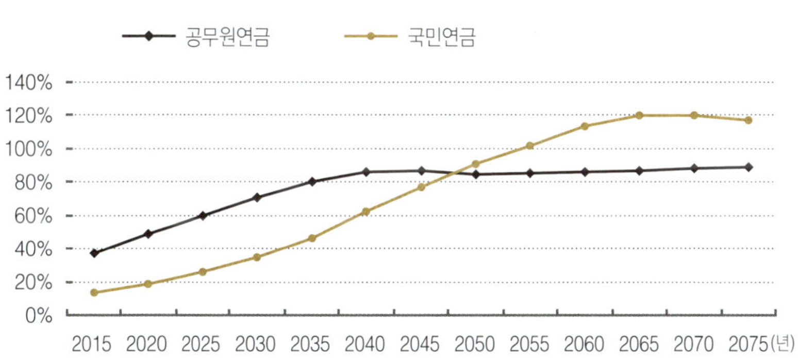

* 부양률 : 연금수급자 수/보험료납부자 수×100

자료 : 공무원연금 Annual report(2010년), 국민연금 재정재계산(2008년)

부양률 추이를 살펴보자.

공무원연금은 1960년에 도입되어 이미 50년이 흘렀다. 2011년 말 현재 재직공무원 105만 명, 연금수급자 32만 명을 약간 상회하여 부양률은 30% 정도다. 공무원연금공단이 추계한 부양률 전망에 따르면, 제도성숙기인 2040년경 90%까지 급격하게 증가하고 그 이후에는 일정한 수준을 유지한다.

현직 100명이 30명 정도의 연금수급자를 부양하는 현행제도가 2040년 이후에는 현직 100명이 90명의 연금수급자를 부양해야 하는 부양비 1:1에 가까운 제도가 될 것으로 전망된다.[24] 반면 국민연금은 1988년에 도입되어 아직 연금수급자가 많지 않다. 2011년 현재 제도가입자 1,900만 명, 연금수급자 300만 명 정도로 부양률은 15% 정도다.

국민연금공단이 추계한 전망에 따르면 2040년경 60% 정도까지 증가하고, 그 이후에도 지속적으로 증가하여 120% 정도에 달할 것으로 나타난다. 결국 100명이 15명을 부양하는 현행 국민연금제도도 2040년이 되면 100명이 60명, 제도성숙기인 2070년에는 부양비가 1:1을 초과할 것으로 전망된다.[25]

부양비 1:1이 그리 대수냐고 할 수도 있다. 두 부모가 자식 둘 거둬먹이듯이 자식 둘이 두 부모를 부양하면 될 것 같기 때문이다. 그런데 현역세대는 자식 키우고 부모도 부양해야 하기 때문에 부담은 두 배가 된다. 만약 세대 간 부양 없이 스스로 노후대비를 한다고 생각하면 30년 벌어서 현역 30년과 노후 30년, 합계 60년을 살아야 하기 때문에 결코 만만치 않을 것이다.

초장기성 보험제도

빙산의 일각(一角)이라는 말이 있다. 수면 위로 보이는 빙산은 전체의 10% 정도에 불과하고 대부분은 물속에 있어 보이지 않는다. 그래서 거대한 빙산이 서서히 녹고 있더라도 물 밑을 세밀하게 관찰하지 않는 한 미리 감지하기 어렵다. 마찬가지로 공적연금도 미온적인 변화가 지속되면 결국 걷잡을 수 없는 위기를 초래할 수 있지만 앞으로 닥쳐올 심각한 위기는 눈앞에 잘 보이지 않는다. 그것은 공적연금이 가지고 있는 초장기성 보험이라는 특성 때문이다.

공적연금은 제도에 가입하여 연금수급을 마칠 때까지 보통 60~70년이 걸리는 초장기성 보험제도다. 연금제도는 초기에는 연금수급자가 거의 없고 연금산정의 기초가 되는 가입기간도 짧아서 연금지출이 적지만, 제도가 성숙기에 접어들면 연금수급자가 누적되고 가입기간도 늘어나서 연금지출이 급격하게 증가한다. 이러한 지연된 문제표출 현상 때문에 제도가 성숙되기 전까지는 나중에 불어나는 연금지출은 잘 보이지 않고 개시비용이 적게 드는 것만 보여서 적정한 보험료의 징수는 뒤로한 채 연금수혜를 부풀리기 쉽다. 여기에 미래의 것보다 현재의 것에 가치를 더 두는 시간선호(time preference)가 겹쳐지면 더욱 장래의 문제를 외면하게 된다.

전문가 그룹이 연금재정 장기전망을 근거로 장래에 발생될 수 있는 재정문제를 제기해 보기도 하지만 정책결정자들은 눈앞에 보이지도 않는 문제를 가지고 미리 겁먹을 필요가 없다며 관심을 가지지 않는다. 그래서 미래의 재정상황을 우려하는 논의 자체가 이루어지지 않는 것이다.

연금제도가 성숙되기 전까지는 후배세대 역시 선배세대 못지않게 상당한 연금혜택을 제공받기 때문에 경제적 이익과 부담의 세대 간 배분체계에 있어 그저 윈-윈(win-win)하는 상황이다. 하지만, 제도 성숙 이후 연금수지가 악화되고 기금잠식이 시작되면서 재정문제가 눈에 보이기 시작한다.

실제로 거의 모든 국가의 공적연금들이 제도 초기에는 후한 연금으로 출발해서 성숙기에 접어들면서 제도 개혁을 해나가고 있다. 부과방식의 공적연금에서 장래를 생각하지 않고 제도를 운영한다면 보험착각을 이용해서 자식 호주머니에 손을 넣는 것과 무엇이 다르겠는가? 그래서 연금제도는 과거, 현재, 미래를 한 시폭(time span)에

놓고 정책결정을 해야 하지만 문제가 나타났을 때 허둥대는 경우가
많다.

부담과 혜택 사이의 연계성 부족

부담과 혜택, 씨를 뿌리는 것과 거두는 것, 책임과 권리 간의 연계
성은 모든 인간생활에서 존중되어야 할 가치다. 그래서 본인이 적립
한 금액을 은퇴 후에 연금으로 되돌려 준다면 제도운영은 간단하며
재정문제도 발생하지 않는다. 그런데 공적연금제도는 사회적 적절성
(social adequacy)이라는 가치추구와 부과방식(pay-as-you-go system)
이라는 재정방식을 채택하고 있어 부담과 혜택 간의 연계성이 떨어
지며, 그래서 제도운영이 어려워질 수 있다.

공적연금에서 사회적 적절성은 보통 소득재분배나 소득심사 등을
통해서 이루어진다. 많은 공적연금에서는 보험료는 개인의 소득에
비례해 납부하지만 연금을 산정할 때에는 본인의 소득뿐만 아니라
전체 제도가입자의 평균소득을 같이 반영하기 때문에 납부한 보험료
에 비해 고소득자의 연금은 줄어들고 저소득자의 연금은 늘어나는
재분배 효과가 있다.

또한 연금을 받는 도중에 근로소득이나 사업소득이 있으면 그 기간

동안 연금액의 일부를 정지하는 소득심사제도를 실시하기도 하는데, 이는 재직 중의 기여와 관계없이 적절한 연금을 지급하기 위한 취지에서 실시하고 있는 것이다.

참고로 사회적 적절성이란 사회정의 차원에서 사회생활의 이득과 부담의 적절한 분배를 규제하는 개념이라 할 수 있다. 존 롤즈(John Rawls)의 '정의의 제2원리', 즉 격차원리(Difference Principle)에 의하면 사회에서 가장 가난한 사람의 후생이 다른 사람들의 후생에 앞서 극대화돼야 한다. 격차원리는 사람들 간의 선천적인 자질의 차이를 고려하지 않는 결과의 평등을 배제하고, 자연적 우발성에 의해 얻어진 각자의 재능 등을 사회의 공동재산으로 삼고 그것을 발판으로 얻은 이익이 사회의 모든 사람에게, 그 중에서도 더욱더 불리한 입장에 처해 있는 사람에게 부여될 수 있도록 해야 한다는 원리다.[26] 골프경기에서 우세한 사람에게 핸디캡을 주어 우열을 고르게 하는 것과 유사하다.

한편, 대부분의 공적연금은 부과방식이라는 재정방식을 채택하고 있기 때문에 부담과 혜택 간의 연계성이 낮을 수밖에 없다. 그때 그때 거둬서 연금을 주는 부과방식에서는 비용을 부담하는 세대와 연금을 받는 세대가 다르기 때문에 후세대에 부담을 떠넘길 수도 있다. 이미 재정문제를 겪고 있는 각국의 공적연금이 후세대에 큰 부담을 지우면서도 제도 개혁이 쉽지 않은 것은 이러한 부과방식의 속성이 큰 요인이다.

부과방식에서는 현역시절에 납부한 보험료는 퇴직 후에 되돌려 받기 위한 것이 아니라 납부 당시 퇴역세대에게 연금을 지급하는 비용으로 사용되며, 나중에 본인이 받게 될 연금은 미래의 현역세대가 부담하게 된다. 결국, 부과방식에서 기여행위는 연금을 받을 권리를 부여받기 위한 것이지 엄밀한 의미에서 보험료를 납부하는 것이 아닐 수 있다.

이러한 부과방식은 자식세대의 호주머니를 부모세대와 나누어 가지는 형태로 운영되기 때문에 세대 간 갈등을 유발하기 쉽고, 제도가 성숙되어 재정문제에 부딪쳐도 제도 개혁이 어렵다. 3세대가 제도 개혁을 위한 투표에 참여한다고 가정해보면 연금 개혁이 어려운 이유를 알 수 있다.

낮은 보험료를 납부하고 높은 연금이 보장되는 고령세대는 기존의 제도를 고수하기를 바라서 제도 개혁을 반대할 것이다. 저부담·고급여 체계에서 이미 상당부분 기득권을 확보한 중년세대도 현 제도를 유지하기를 바랄 것이다. 다만, 제도성숙기에 연금을 받게 되는 젊은세대는 연금재정문제로 자칫하면 고부담·저급여 체계의 적용을 받게 될 것이므로 제도 개혁에 찬성할 것이다. 결국 투표결과는 중·고령세대가 반대하고 젊은세대만 찬성할 것이므로 제도 개혁은 실패할 것이다.

내가 나서지 않아도

공적연금제도는 재정적으로 곤란한 상황에 직면하게 되더라도 쉽게 해결할 수 없는 태생적인 한계를 가지고 있다. 그것은 바로 이해관계자들의 연금정책에 관한 합리적인 무관심 때문이다. 내가 나서더라도 연금 개혁에 미칠 수 있는 영향력은 미미할 것 같고, 또 굳이 내가 나서지 않더라도 개혁이 성공하면 그 효과는 같이 나눌 수 있기 때문이다.

이런 현상을 투표자의 합리적 무관심(voters' rational ignorance)이라 한다.[27) 투표자가 올바른 판단을 위하여 정보수집, 조사연구 등의 노력을 해도 정치적 투표에서는 자신의 노력이 전체의 투표 결과에 미칠 수 있는 여지는 대단히 미미하다. 뿐만 아니라 비록 자신의 노력이 투표 결과에 영향을 미쳐 바람직한 투표 결과가 나와도 그 이익은 노력한 사람이나 그렇지 않은 사람이나 함께 나누게 되므로 비용은 집중되는데 이익은 모두에게 분산된다.

따라서 정치적 의사결정의 경우에 올바른 결정을 위한 노력을 덜하게 되는 경향이 생긴다.

이러한 무관심 때문에 이익은 드러나고 비용은 감추어지는 정책이 많이 채택될 수 있다. 공적연금제도에서 적정한 비용부담은 뒤로한 채 당장 이익이 되는 연금급여를 인상하는 정책 결정이 가능하게 되는 것이 바로 투표자의 합리적 무관심이 가져온 결과일 수 있다.

또한 투표자의 합리적 무관심은 특정 이익집단의 입법 및 행정에 대한 로비활동을 가능하게 한다. 만일 투표자의 합리적 무관심이 없다면 결코 특정 이익집단만의 이익을 위한 입법활동을 그대로 내버려 두지는 않을 것이다.

투표자의 합리적 무관심과 다를 바 없는 것이 집단행동의 딜레마(collective action dilemma)라는 것이다.[28] 집단행동의 딜레마란 많은 사람으로 구성된 집단이 공통의 이해관계가 걸려 있는 문제를 스스로 힘을 뭉쳐 해결하지 못하는 상황을 일컫는다.

이러한 현상은 대규모 집단에 항상 따라다니는 무임승차(free-ride) 성향 때문에 발생된다. 예를 들면, 연금 개혁으로 특수직역연금을 위한 정부의 예산투입이 적어질 경우 각 개인이 내는 세금이 줄어들 수 있지만 어떤 국민도 그 연금 개혁을 위해 자신의 노력을 투입하지 않으려고 한다. 이유는 자신의 노력 없이도 연금 개혁이 이루어지면 세금을 덜 낼 수 있고, 노력하지 않았다고 세금감면에서 배제되지 않기 때문이다.

반면에, 특수직역연금에 직접적으로 이해관계가 있는 연금수급자들은 일반국민에 비하여 훨씬 소규모의 이익집단이기 때문에 집단행동의 딜레마 현상이 적어 이 문제에 적극적으로 대처할 수 있다. 결국 정치적 결정에 있어서 집단행동의 딜레마 현상은 연금재정을 어렵게 만들거나 개혁을 가로막는 요인이 된다.

아울러, 일반적인 대규모 집단은 이해관계자들로 구성된 소규모 집단에 비해 정보량이 적기 때문에 집단행동을 효과적으로 하지 못할 수도 있다. 이러한 정보의 비대칭성(information asymmetry) 때문에, 연금수급자들이 자기들의 이익을 위해 일반국민의 희생을 요구할 경우에도 일반국민들은 잘 이해하지 못한 상황에서 불리한 정책결정을 방관하게 될 수 있는 것이다.

기득권·기대권의 덫

연금제도를 개선하려고 할 때 가장 민감하게 부딪치는 문제는 기득권 침해 논란일 것이다. 기득권이란 법률에 의하여 이미 주어진 권리를 의미한다. 그러나 연금제도에서는 이러한 일반적인 의미의 기득권과는 다른 의미로 이해할 수 있다. 즉, 노후의 안정된 생활과 소비양태의 보장을 위해서는 라이프 사이클(life cycle)에 의한 생애에 걸친 계획적인 소득배분이 필요하다.

이를 위해서는 미리 연금수준이 확정될 필요가 있는데 그 확정된 연금급여를 받을 권리를 기득권이라 할 수 있을 것이다. 공적연금제도가 대체로 확정급여(defined benefits) 형식을 취하고 있는 이유는 바로 이러한 특징을 반영하고 있기 때문일 것이다.

그러나 확정급여형의 연금이라 하더라도 부과방식으로 운영되는 공적연금은 자기가 적립한 금액을 되돌려 받는 것이 아니라 현세대 소득의 일부를 퇴역세대가 나눠 가지는 형태를 취하고 있기 때문에 현세대의 부담능력에 따라 퇴역세대의 연금수준이 조정될 수 있어야 한다.

또한, 사회보장연금은 경제가 성장하는 만큼 분배의 몫이 늘어날 수 있고, 경제가 위축되면 그만큼 연금액도 줄어들 수 있어야 한다. 결국 확정급여 연금제도라 하더라도 재정문제에 직면했을 때에는 기존에 확정되어 있던 급여조건 등을 조정해야 하는데 기득권 주장 때문에 상당한 제약을 받을 수밖에 없다. 연금수급권의 변경은 그 필요성과 당위성을 가지고 있더라도 현실적으로 많은 어려움이 따른다.

한편, 연금에서 기득권은 기대권이라 하는 것이 더 적합할 수 있다. 왜냐하면 연금은 이미 확보된 권리가 아니라 일정한 가입기간과 연령 요건 등을 충족했을 때 그 수급을 기대할 수 있는 권리이기 때문이다. 이러한 연금수급을 위한 기대권의 내용도 절대적인 성격을 갖는 것은 아니고 입법자가 당시의 사회·경제적 상황과 필요에 의하여 조정할 수 있는 것이다.

연금수급권은 재산권의 성질을 가지고 있지만, 한편 사회보장적 급여로써 그 급여의 구체적인 내용은 국가의 재정능력 및 기금의 재정상태, 국민 전체의 소득 및 생활수준 기타 여러 가지 사회적·경제적 여건이나 정책적 고려사항을 종합하여 합리적인 수준에서 폭넓은 형성재량으로 결정할 수 있는 것이다. 하지만, 연금수급권의 변경은 헌법상의 비례원칙, 평등원칙, 신뢰보호원칙 등의 제한을 받게 되고 그 변경내용이 현저히 자의적이라면 헌법에 위반된다.[29]

또한 이러한 헌법적 제약을 떠나서라도 연금에서의 기대권은 최대한 지켜져야 한다. 이러한 사고방식 하에 소위 기대권의 조정은 현재 행하고 있는 또는 가까운 장래에 예정되어 있는 생활패턴 혹은 소비패턴의 급격한 변동을 초래하지 않도록 일정기간에 걸쳐 단계적으로 실시하고 있다.

그리고 향후 가입기간이나 수급권에 대하여 조정하고 소급해서 적용하지 않는다. 이처럼 소급해서 연금조정을 할 수 없기 때문에 개혁이 늦어질수록 기대권 문제가 더욱 커져 연금제도의 운영은 더욱 어려워진다.

03 / 바꿔가는 다른 나라 이야기[30)]

연금제도 개혁 흐름

1) 연금제도의 위기

19세기 말 독일과 덴마크를 중심으로 태동한 공적연금제도는 제2차 세계대전 후 각국에서 유행처럼 도입되어 보편화됐다. 1950년대와 1960년대의 복지국가 황금기를 거치면서 복지선진국들은 노후소득 보장수준을 높이고 보장범위를 확대했다. 보편적 기초보장을 추구하던 비버리지형의 국가들은 소득비례연금을 도입하면서 보장수준을 높여 나갔다. 보험료 납부가 전제된 비스마르크형의 국가들은 저소득층을 위한 무기여 연금 등을 도입하면서 연금수혜 대상을 확대해 나갔다.

이러한 연금 확대의 흐름은 1970년대 중반에 접어들면서 축소지향으로 방향을 전환하게 됐다. 그 이유는 대부분의 연금제도가 성숙기에 접어들면서 연금수급자의 양산과 함께 연금지출이 본격적으로 늘어나게 되었고, 수명 연장과 낮은 출산율에 따른 인구구조의 변화 및 경제성장률의 둔화 등으로 각국의 연금제도가 재정위기에 노출되었기 때문이다.

특히 1970년대에 석유위기를 겪으면서 높은 물가인상으로 물가에 연동된 연금지출은 크게 늘어난 반면 실업률 증가로 보험료 수입이 크게 줄어들면서 연금재정이 급격하게 악화된 것이 직접적인 계기가 되어 연금정책의 전환이 이슈화된 것으로 보인다. 그대로 가다가는 연금제도가 붕괴될 수도 있다는 위기감이 수혜 위주의 연금정책에 대한 반성을 불러온 것이다.

2) 연금재정 안정화를 위한 제도 개혁

이러한 연금재정 위기에 대한 정책 이슈화에 이어서 1980년대에 접어들어 세계 각국은 연금 개혁을 위한 다양한 전략들을 취했다. 개혁전략은 주로 재정수입 확대전략과 연금지출 억제전략을 기본으로 하고 있다.

미국의 1983년 사회보장법(social security act) 개정과 영국의 1980

년 국가소득비례보충연금(SERPS)의 개혁에서 보듯이 재정수입 확대전략은 제도가입자의 확대, 보험료율의 인상, 보험료 부과대상 소득범위 확대 등이다. 급여지출 억제전략은 연금지급률 인하, 연금산정 기준보수의 평균기간 확대, 연금연동방식의 개정, 연금수급 개시연령의 상향조정, 소득심사 강화 등이다.

1980년대까지의 연금 개혁은 이와 같이 기존제도의 틀을 유지하면서 연금수지에 영향을 미치는 주요변수들을 조정하는 모수개혁(parametric reform)이 일반적이었다.

다만, 미국과 일본의 경우 모수개혁과 함께 연금제도의 틀을 바꾸는 구조개혁(fundamental reform)을 일부 시도했다. 칠레의 경우와 같이 공적연금을 민영화한 극단적인 나라들도 있었다.

미국의 경우 1983년 사회보장법(social security act)을 개정할 때 재정안정화를 위한 모수개혁과 함께 기존에 독립적으로 운영되고 있던 연방공무원연금을 일반국민을 적용대상으로 하는 사회보장연금(OASDI, Old-Age, Survivors and Disability Insurance)에 편입시켰다. 이에 따라 사회보장연금은 국민 대부분이 적용받는 일반제도로써의 위치를 확립하게 되었고, 연방공무원은 사회보장연금에 1층으로 적용되고 신연방공무원연금(FERS)에 2층으로 적용되는 다층제도로 전환되었다.

일본의 경우에도 1986년에 안정된 연금제도의 확립, 세대 내·세대 간의 공평성 확보, 공적연금의 일원화를 내다보면서 기초연금제도를 도입했다. 이에 따라 모든 국민들을 기초연금에 1층으로 편입시키고 피용자는 각 직역별로 후생연금 또는 공제연금 등의 소득비례연금을 지급하는 2층 구조로 공적연금을 재편했다.

칠레의 경우는 기존에 운영 중이던 부과방식의 공적연금제도가 운영상의 적자, 급여의 불공평성, 관리운영의 비효율성 등 문제점이 심각하여 1980년에 개인적립제도(individual capitalization system)로 전환하고 기금의 민간관리 및 연금관리회사와의 계약에 의한 운영 등 공적연금의 민영화를 단행했다.

3) 장기적 지속가능성 확보를 위한 개혁

1990년대에 접어들어서는 1980년대에 미국과 영국 등을 중심으로 시작된 연금 개혁의 움직임이 유럽대륙을 비롯하여 전 세계적으로 확산되었다. 따라서 모수개혁은 물론 기존 제도의 경로 이탈을 포함한 보다 급진적인 개혁이 진행되었다. 세계경제의 저성장과 인구 고령화의 문제가 장기적인 것으로 인식되기 시작하면서 연금제도의 지속 가능성 확보가 절실했던 것이 이러한 개혁의 배경이라 생각된다.

모수개혁 사례로는 연금연동 기준을 총소득상승률에서 가처분소득상승률로 전환하여 동태적 기능을 후퇴시킨 독일의 1992년 개혁과 일본의 1994년 개혁을 비롯하여, 세계 각국의 연금제도에서 보험료 인상과 연금지급률 인하 및 연금지급개시연령의 상향조정 등의 조치가 있었다. 구조개혁의 사례로는 1980년대 초 칠레를 필두로 이루어진 공적연금의 민영화가 남미 라틴아메리카와 동유럽 등 체제전환국가로 확산되었다.

1995년 이탈리아와 1998년 스웨덴에서 기존의 부과방식 확정급여형(DB)의 연금을 부과방식 확정기여형(DC)의 형태로 전환하는 명목확정기여형(NDC, Notional Defined Contribution) 제도를 도입했다. NDC제도는 사실상 적립기금 없이 부과방식으로 운영하지만 개인이 납부한 보험료를 개인계좌에 적립한 것으로 간주하여 이를 기초로 연금을 산정하는 방식이다.

2000년대에도 연금 개혁은 지속적으로 진행되었다. 영국의 경우 1999년 개정으로 국가소득비례연금(SERPS)을 2002년부터 단계적으로 국가이층연금(S2P)으로 대체하고 새로운 개인연금(stakeholder pension)을 도입하는 등 공적연금의 부분 민영화를 통해 사적연금을 활성화시키고 공사연금의 균형적 발전을 모색하고 있다. 프랑스도 2003년 개혁을 통해 공적연금에서 완전연금을 받을 수 있는 필요가입기간을 평균수명에 연동(2004년부터 2008년까지 점진적으로 37.5

년에서 40년으로 연장)시켜 결과적으로 연금지급률을 낮추었고, 아울러 조기퇴직을 억제하기 위한 감액연금제도도 실시했다.

독일의 경우에도 2004년 개혁을 통해 공적연금의 수준을 경제변화와 인구고령화에 연동시켜 자동으로 급여수준을 삭감하는 자동급여조절장치를 도입하면서, 공적연금의 축소를 보완하기 위해 국고보조금을 연계한 개인연금인 리스터(Riester)연금을 도입했다.

국제기구의 연금 개혁 권고

1) 세계은행의 연금 개혁 모형

세계은행(World Bank)은 1994년 〈Averting the Old-Age Crisis〉라는 연금 개혁보고서를 통해 저성장과 인구고령화에 대응하기 위한 연금 개혁 방안으로 3층 소득보장체계를 제안하여 국제적으로 큰 반향을 불러일으켰다. 이 보고서는 확정급여 부과방식으로 운영되는 공적연금 위주의 노후보장체계는 인구고령화와 저성장 경제체제에서 재정위기에 직면할 수밖에 없기 때문에 공적연금과 사적연금의 다층체계(multi-pillar system)로 전환할 필요가 있다고 주장했다.

즉, 정부가 운영하는 1층의 기초연금, 민간부문에서 운영하는 2층의 강제소득비례연금, 그리고 민간부문에서 운영하는 3층의 임의소득비례연금을 통하여 안정적인 노후 소득보장체계를 구축하자는 것이다. 결국 세계은행의 연금 개혁안은 부과방식의 공적연금을 축소하고 적립방식의 기업연금과 개인연금을 늘려서 연금제도의 장기적인 지속가능성을 확보하자는 전략으로 이해할 수 있다.

한편, 세계은행은 1994년에 제시한 연금 개혁 모형과는 다르게 다양한 형태로 이루어지는 국제적인 연금 개혁의 추세를 경험하면서 2005년에 〈Old Age Income Support in the 21st Century〉라는 보고서를 통해 획일적인 개혁모형보다는 각 국가의 사정에 맞는 유연한 연금 개혁을 강조하는 방향으로 입장을 바꾸었다.

기초소득보장을 0층, 확정급여형(DB)의 공적연금이나 명목확정기여형(NDC)을 1층, 강제가입의 적립식 기업연금이나 개인연금을 2층, 임의가입의 적립식 기업연금이나 개인연금을 3층, 그리고 가족 내의 비공식 지원 및 개인금융 등을 4층으로 설계하고 있다. 이러한 개혁모형은 인구고령화가 단순히 재정적 위기(financial crisis)를 야기하는 것이 아니라 빈곤위기(poverty crisis)도 가져올 수 있다는 비판을 고려한 것으로 이해할 수 있다.

2) 국제노동기구의 연금 개혁 모형

국제노동기구(ILO)는 전통적으로 빈곤해소를 위한 국가책임의 사회보장의 필요성을 강조했다. 이에 따라 1952년의 '사회보장 최저기준에 대한 협약(102호)'에서 보듯이 국제적 기준을 설정하고 이를 협약과 권고의 형태로 관철하려고 했다.

하지만 2000년에 나온 연금보고서(Social Security Pension)에서는 공적연금 위주의 보장체계로는 빈곤문제를 해소하기 어렵다는 세계은행의 비판을 부분적으로 수용하면서 다층구조의 연금모형을 제시하고 있다. ILO가 2000년에 제시한 다층구조 모형은 4층으로 구성되어 있다. 0층은 1층제도의 사각지대를 보충할 수 있는 자산조사방식의 사회부조제도, 1층은 부과방식의 확정급여형(DB) 또는 명목확정기여형(NDC)의 공적연금, 2층은 강제가입의 적립식 기업연금 또는 개인연금, 그리고 3층은 임의가입의 적립식 개인저축 등이다.

이와 같이 ILO도 세계은행과 유사한 다층구조의 연금 개혁 모형을 제시하고 있지만 문제인식에서는 뚜렷한 차이를 나타내고 있다. 세계은행은 다층구조의 필요성을 고령화 위험을 분산하기 위한 재원조달의 다각화 차원에서 찾고 있는 반면, ILO는 사회보험의 사각지대 해소와 적정 소득보장을 위해 각 사회집단에 적합한 다층구조로 개혁하는 것이 필요하다는 입장이다. 또한 재원조달방식 측면에서는 적립방식을 지향하는 세계은행과 달리 ILO는 여전히 부과방식의 공적연금이 중심이 되어야 한다고 주장한다.

3) 경제협력개발기구의 연금 개혁 방향

경제협력개발기구(OECD)는 1998년의 연금보고서 〈Maintaining Prosperity in Ageing Society〉와 2000년의 〈Reform for Ageing Society〉에서 대부분의 회원국들이 사회보장선진국으로서 발전된 연금제도를 가지고 있기 때문에 빈곤해소나 소득보장보다는 인구고령화가 경제 및 사회정책에 크게 영향을 미칠 것이라는 인식에 기초하여 연금 개혁의 방향과 전략을 제시하고 있다.

연금 개혁에 대한 OECD의 입장은 두 가지로 요약된다. 인구구조의 고령화에 따른 세대 간 형평성문제를 완화하기 위해서는 부과방식으로 운영되는 공적연금제도의 수급부담구조를 개선해야 하고, 연금재정의 위험을 분산시키기 위해 공적연금을 보완하는 다양한 제도를 보완적으로 개선해야 한다는 것이다. 또 노령인구의 생산적 기여가 연금문제 해결에 중요한 역할을 할 수 있기 때문에 노인의 근로유인을 강화하는 방향으로 개혁이 이루어져야 한다고 한다.

공적연금 개혁을 위한 방법

1) 기여와 급여 간의 연계 강화

공적연금은 자기가 낸 기여금을 그대로 연금으로 되돌려 받는 것이 아니다. 때문에 태생적으로 씨를 뿌리는 것과 거두는 것 간의 연계성이 약화될 수밖에 없다. 그 결과 연금수지 불균형을 초래하여 재정문제를 겪게 된다.

이에 따라 세계 각국의 공적연금은 연금재정문제를 해결하기 위한 가장 기초적인 전략으로 기여와 급여 간의 연계성을 강화하는 조치들을 취하고 있다. 기여와 급여 간의 연계성 강화란 결국 재정수입을 늘리는 전략과 연금지출을 줄이는 전략들을 실행하는 것을 말한다.

연금재정수입을 늘리는 전략으로는 보험료 납부자의 확대, 보험료율의 인상, 보험료 부과대상 소득범위의 확대, 적립요소의 강화 및 제도 외부로부터의 재정이전 등이 사용되고 있다.

보험료 납부자의 확대는 제도가입대상의 확대 등을 통해 신규가입자를 늘리고, 고령자의 근로유인 등을 통해 보험료를 납부하는 제도 가입기간을 늘리는 것이다. 보험료율의 인상은 모든 국가에서 연금재정문제를 해결하는데 가장 쉽게 활용된 방법으로써 매우 효과적이기는 하나 이미 보험료율이 높은 제도에서는 수용 가능성 측면에서 상당한 제약을 받고 있다.

보험료 부과대상소득의 범위확대는 대상소득에서 제외하고 있는 각종 수당 등을 포함하여 보험료 수입을 늘리는 것이다. 적립요소의 강화란 부과방식의 제도이지만 어느 정도의 적립기금을 조성하여 그 이자수입을 통해 보험료율의 인상을 억제하는 것이다.

제도 외부로부터의 재정이전은 공적연금의 운영책임이 있는 국가로부터의 재정지원이 대표적 사례인데, 특히 공무원연금과 같은 직역연금의 경우 정부가 상당부분을 보전해주는 사례가 많다. 또한, 1983년 미국의 사회보장연금 개혁사례에서 보듯이 일반세원인 공적연금에 부과하는 과세수입을 연금재정수입으로 전환하는 것도 일종의 재정이전에 포함될 수 있다.

연금지출을 줄이는 전략으로는 연금수준을 낮추는 전략과 연금수급기간을 줄이는 전략, 그리고 연금지급액의 일부를 제한하여 지급하는 전략이 일반적으로 사용되고 있다.

첫째, 연금수준을 낮추기 위해 사용되는 방법에는 지급률 인하, 연금산정 기준소득 개정 및 연금연동방식의 개정이 있다. 연금산정공식의 개정을 통해 연금지급률을 인하하는 것은 연금지출을 직접적으로 줄이는 가장 보편적인 방법이지만 연금수급자의 소득대체율의 하락을 가져와 제도변경에 대한 거부감이 강하게 나타나는 부작용이 있다.

따라서 이러한 부작용을 줄이기 위해 주로 제도 개혁 이후 기간에 대해 개정된 지급률을 적용한다. 또한 많은 국가에서 완전연금 가입기간을 확대하는 개혁을 하기도 했는데 이것도 결국 연금지급률을 낮추는 전략에 포함된다. 예를 들어 2003년 프랑스 공무원연금 개혁에서 연금최고지급률 70%는 그대로 두되 70%를 받기 위한 가입기간 요건을 37.5년에서 40년으로 조정했는데, 이 경우 매 1년당 연금지급률은 2%에서 1.875%로 떨어진다.

연금산정의 기준이 되는 평균소득산정 대상기간을 늘려서 연금수준을 낮추는 방법은 통상적으로 소득은 퇴직 직전의 최종소득으로 갈수록 높아지기 때문에 평균소득산정 대상기간을 늘리면 최종소득을 기준으로 할 때보다 급여산정 기준소득이 감소하여 연금지출이 줄어들게 되기 때문에 사용된다. 평균소득산정 대상기간을 늘리는 것은 지출감소 효과뿐 아니라 기여와 급여 간의 연계성을 높이는 효과도 있어 많은 국가에서 채택하고 있다.

한편, 평균대상기간의 각 연도 소득을 연금산정 시점의 가격으로 재평가할 때 재평가기준을 소득변동률에서 물가변동률로 개정하거나 총소득변동률에서 가처분소득변동률 등으로 개정하는 것도 역시 연금액을 인하하는 효과가 있어 여러 국가에서 채택하고 있다.

연금연동방식의 개정을 통해 연금수준을 낮추는 방법으로는 소득연동방식에서 물가연동방식으로 변경하는 경향이 많은데, 이는 통상적으로 물가상승률이 소득상승률보다 낮아 연금인상을 억제할 수 있기 때문이다. 또한 물가상승과 소득상승을 동시에 반영하거나 경제성장률과 연계시킴으로써 연금인상을 억제하는 노력도 이루어지고 있다.

둘째, 연금수급기간을 단축하는 것은 연금지출을 줄이는 가장 강력한 방법이 될 수 있다. 연금수급기간을 단축시키기 위해서는 연금수급연령을 상향조정하는 것이 보편적인 방법인데, 이는 고령 사회에 접어들면서 수명연장에 따른 공적연금의 부담증가를 막기 위해 세계 각국이 채택하고 있는 방법이다. 그러나 연금지급 개시는 근로기간과 연계되어야 소득공백이 발생하지 않기 때문에 고령자의 근로유인을 위한 조치가 병행되어야 한다. 특히 정년제도가 있는 직역연금의 경우에는 해당정년과 연금지급시기를 일치시키는 조치도 필요하다. 참고로 OECD 국가들은 극히 일부국가를 제외하고 이미 65세 내지 67세로 연금지급 개시연령이 상향조정되었다.

셋째, 연금지출의 억제를 위한 방법으로 연금의 일부를 제한하여 지급하는 전략은 통상 소득심사(earnings test)를 통하여 달성될 수 있다. 소득심사는 공적연금이 소득상실을 대비하기 위한 제도임을 고려해서 연금 이외의 소득이 있는 경우 일정금액을 제한하여 지급하는 제도다. 다만, 이 제도는 기여에 상응하는 급여를 지급하는 원칙에 어긋나고 고령자의 근로의욕을 약화시키는 문제가 있기 때문에 매우 제한적으로 실시될 수밖에 없다.

2) 재구조화를 통한 빅뱅 개혁

　기존의 공적연금체계 안에서 기여와 급여 간의 연계 강화만으로는 고령화 충격을 흡수하기 어렵다는 인식 하에 연금구조를 다시 짜는 빅뱅(big bang) 개혁을 실시한 사례가 많다. 공적연금을 다층으로 분리하여 적립요소를 강화해 나가거나 완전히 민간연금으로 전환한 경우, 그리고 부과방식의 공적연금을 축소하고 기업연금이나 개인연금 등 민간연금을 강화하는 전략들이 여기에 해당된다.

　먼저, 기존의 공적연금을 다층으로 분리하여 그 중의 일부를 민간연금으로 전환한 스웨덴의 개혁전략을 살펴본다. 스웨덴은 1998년 연금 개혁으로 기존의 기초연금(AFP)과 부가연금(ATP)은 점진적으로 폐지되고, 소득비례연금(income-related pension), 추가연금(premium pension), 최저연금(guaranteed pension)으로 구성된 새로운 국민연금제도가 도입되었다. 이 중 가장 큰 부분을 차지하고 있는 소득비례연금은 부과방식으로 운영되고 있으나 종전의 부가연금(ATP)과 같은 확정급여형(DB)이 아닌 명목확정기여형(NDC, Notional Defined Contribution)으로 되어 있다. 18.5%의 보험료 중 16%가 소득비례연금제도에 유입되지만 적립되지 않고 그 해의 연금지출에 충당된다.

　그러나 명목상의 계좌가 개설되어 마치 자신이 납부한 보험료가 적립된 것처럼 납부된 보험료와 경제상황에 따른 소득상승을 고려하여 결정된 수익이 기록된다. 납입 보험료와 그 수익의 합이 가입자가 받을 수 있는 연금총액이 되며, 이 금액을 평균기대여명과 연금인상률에 기초한 연금분리계수로 나눈 금액을 매년 연금으로 받게 된다. 따라서 소득비례연금은 더 이상 확정급여가 아니고 경제상황과 인구노령화의 진행상황에 따라 결정되어 연금액 증감에 대한 위험 부담은 연금가입자가 지게 된다.

한편, 추가연금(premium pension)은 18.5%의 보험료 중 2.5%를 금융기관이 운영하는 가입자 개인의 계좌에 적립하는 확정기여형의 개인연금제도(FDC)로써 기존의 공적연금의 일부가 강제가입의 민간연금으로 전환된 것이다. 최저연금(guaranteed pension)은 국민연금 수급액이 매우 낮고 다른 소득이 없는 사람을 위한 소득보충제도로써 국민연금수급액과 보조금의 합이 일정수준을 유지하도록 되어 있다.

공적연금 부분 민영화의 또 다른 사례는 영국에서 찾아볼 수 있다. 1998년 이전의 영국의 연금체계는 강제적 적용체계로 1층의 기초연금과 2층의 법정소득비례연금(SERPS), 그리고 임의가입인 3층의 사적연금으로 구성되어 있었다. SERPS는 강제적용이지만 기업연금 및 개인연금을 선택할 수 있도록 적용제외(contract-out)가 허용된 제도

다. 1999년 연금 개혁으로 2층의 법정소득비례연금(SERPS)이 2002
년부터 단계적으로 국가이층연금(S2P)으로 대체되고, 그 대신에 적
용제외가 가능한 민간연금인 개인연금(stakeholder pension)이 추가
로 신설되었다.

좀 더 구체적으로 살펴보면, S2P에서 기여는 소득비례에 의하고 연
금은 정액으로 지급되어 저소득층의 보장이 강화되지만 실질적 소득
보장을 추구하는 가입자의 입장에서는 S2P가 매력적이지 못하므로
적용제외가 가속화될 전망이다. 따라서 적용제외의 길을 열어주는
동시에 신뢰성과 보장성 그리고 이동성을 고루 갖춘 공적연금을 대
체할 수 있는 새로운 개인연금(stakeholder pension)을 도입함으로써
노후보장에 있어 민간연금의 역할이 더욱 커진 것이다.

공적연금을 완전 민영화한 경우로는 1980~1990년대 칠레를 필두
로 한 남미국가와 1990~2000년대의 헝가리, 슬로베니아 등 동구권
의 체제전환 국가들이 있다. 칠레의 경우를 대표적으로 살펴보면, 부
과방식의 공적연금을 확정기여형(DC)의 개인적립제도(individual
capitalization system)로 전환하되 구제도에서 신제도로 전환하는 것
을 선택적으로 할 수 있게 했다. 이 경우 신제도로 전환하는 것을 활
성화하기 위해 구제도에서 납부한 기여금을 그대로 인정하고 경제적
인센티브를 제공하는 조치가 있었다.

이러한 제도 개혁은 개인적립식의 신제도가 시행되어도 기존 부과

방식제도의 연금수급자들에게 연금을 계속 지급해야 하는 한편, 구제도에서 신제도로 대부분 전환하게 되면 구제도의 재정수입이 감소되어 재정적자가 크게 발생된다. 따라서 구제도의 재정적자를 막을 수 있는 막대한 제도전환비용을 국가가 부담해야 하므로 극단적인 상황이 아니면 채택하기 어려운 전략이다.

마지막으로 부과방식의 공적연금을 축소하고 기업연금이나 개인연금 등 사적연금을 강화한 독일의 전략을 살펴본다. 독일은 2001년과 2004년 두 차례에 걸친 연금 개혁 과정에서 확정급여형(DB)의 공적연금을 경제와 인구변화에 자동으로 연동하여 조절하는 장치를 도입해 확정기여형(DC)에 가까운 제도로 전환했다. 이에 따라 낮아지는 공적연금의 보장수준을 보완하기 위해 사적연금을 강화하는 조치를 취했다.

사적연금을 강화하는 방법으로 적립식 기업연금에 가입할 때나 연방금융감독원에서 적격 판정된 개인연금에 가입할 때 보조금을 지급하는 리스터(Riester)연금을 도입했다. 보조금은 소득수준에 관계없이 정액으로 지급되고 개인은 해당 보험료에서 이 보조금을 차감한 부분만 납입하면 된다. 리스터연금은 기본보조금과 자녀보조금으로 구성된 일종의 매칭 펀드(matching fund) 형태로 운영된다.

04 같이 생각해 보는 연금 이슈

지속 가능성

당장은 누구에게도 부담을 주는 것이 아니니 연금 부풀리기만큼 손쉬운 것이 어디 있으랴. 연금비용은 다음 세대가 떠안게 될 것이고, 엄청난 덤이 주어지는데 내일 일까지 걱정할 필요가 있겠는가? 미래를 생각하지 않는다면 미래에 대한 불안도 없다. 그냥 적게 내고 많이 받는 시스템이 별 문제없이 작동되고 있는 한 미리 호들갑을 떨 필요가 없다.

과연 이렇게 운영해 나가도 연금제도의 지속 가능성(sustainability)이 담보될 수 있을까? 결코 그렇지 않을 것이다. 그냥 그렇게 운영해 나간다면 머지않은 장래에 재정적으로 물구나무선 힘든 모습이 될 것은 뻔하다. 공적연금제도가 장래에도 지속 가능한 제도가 되기 위해서는 연금재정의 장기적 안정성이 확보되어야 한다. 이를 위해서는 성인병 체질이 되어가고 있는 현행제도를 날씬하고 탄력적인 제도로 개선하여 미래세대가 부담 가능하게 해야 한다.

국민연금은 추가적인 제도 개선이 없을 경우 2060년경 연금기금이 고갈될 것으로 전망하고 있다. 결국 향후 약 50년까지는 현행제도가 유지될 수 있지만 그 이후로는 연금지급이 불가능하게 된다. 그때 가서 제도를 더 지속시키려면 적립된 기금이 모두 소진되었기 때문에 당해 연도의 보험료 수입으로 감당할 만큼 연금을 급격하게 줄이든지, 아니면 부분적립방식을 부과방식으로 전환해 보험료를 크게 인상할 수밖에 없다.

이 세대들은 앞 세대를 부양하기 버거운 지경이 될 것이고, 설사 부담을 하더라도 자신이 낸 보험료보다 훨씬 적은 연금을 받게 되므로 연금제도에서 탈퇴하려고 할 것이다. 이래서는 연금제도가 유지될 수 없다. 만약 부과방식이 아닌 명목확정기여방식(NDC)[31]을 채택할 경우 자신이 낸 보험료만큼은 연금으로 받아갈 수 있지만 결국 연금액 인상을 초래하게 되어 다시 보험료를 더 인상해야 하는 악순환이 일어날 수밖에 없다.

정부가 재정 책임을 지고 있는 특수직역연금제도의 경우에는 외형상 재정문제가 발생될 수 없지만, 정부 부담 규모가 지속적으로 늘어난다면 재정안정화를 위한 제도 개선이 필요할 수밖에 없다.

공적연금제도가 없는 복지국가를 상상할 수 없다. 비록 어려운 과정이 있을지라도 우리의 노후를 믿고 맡길 수 있는 연금제도를 구축하기 위해서는 제도 개선을 소홀히 할 수 없다.

형평성과 적정성

공적연금은 개인의 부담을 전제로 운영되는 사회보험제도이기 때문에 개인적 형평성(individual equity) 개념이 중요하다. 형평성이란 개인에게 돌아가는 분배 몫의 적정성을 말하며, 각 개인이 모두 천사가 아닌 한 형평성을 무시하고 연금제도를 운영할 수 없다.

결국, 공적연금제도가 직면한 문제는 외형적으로 재정 안정화(financial stability)로 나타나지만 내면적으로는 세대 내·세대 간의 형평성(inter, intra-generational equity)에 관한 문제일 수 있다. 따라서 이해관계자 간의 형평성을 확보함으로써 묵시적 계약에 의해 운영되는 공적연금이 제대로 작동되도록 하는 것이 공적연금의 비전이자 중요한 정책목표다.

공적연금은 대체로 세대 내·세대 간의 형평성 문제를 안고 있다. 특히 중요한 것은 부과방식의 공적연금에서 후세대로 비용을 떠넘기기 때문에 발생되는 세대 간의 형평성 문제인데 이를 해소하는 것이 그리 간단하지 않다. 왜냐하면 기대권 보호의 벽에 부딪쳐 제도 개혁을 하더라도 통상적으로 개혁 이후의 가입기간부터 새로운 제도를 적용할 수 있어 후세대로 갈수록 수익비가 불리해지기 때문이다. 부과방식연금제도는 후세대의 부담으로 제도가 유지되기 때문에 비록 그 길이 어려울지라도 세대 간의 형평성을 제고하는 방향으로 점진적 개선을 해나가지 않을 수 없다.

연금수준의 적정성(adequacy)이란 연금제도가 노후소득보장 측면에서 적정한 역할을 수행하는지에 대한 평가기준이다. 너무 적어서 용돈연금이 되어서도 안 되고 너무 많아 부담이 버거워서도 안 될 것이다. 이러한 적정성의 기준은 매우 가치판단적일 수 있지만 실질적 운영을 고려해본다면 부담 가능한 최고수준으로 보는 것이 합리적이라고 생각된다.

이렇게 생각하는 근거는 연금이란 많으면 많을수록 좋지만 누군가가 부담해야 하는 것이기 때문에 부담의 형편을 고려해서 적정성을 판단할 필요가 있기 때문이다. 하여튼 공적연금에서 적정성 확보라는 정책목표는 매우 중요하며, 이러한 정책목표가 달성되지 않는다면 연금운영은 불가능하게 될 것이다.

제로 섬 게임의 연금

연금은 더 받으려면 더 내야 하고 덜 받으려면 덜 내도 되는 제로 섬 게임(zero-sum game)에 불과하다. 그러나 자기가 적립한 것을 되받아 가는 확정기여방식(DC)의 연금제도가 아닌 한 개인의 입장에서는 보험료와 연금급여 간의 연계성이 부족하다. 따라서 연금재정 문제를 해결하려고 할 때 각자가 처한 입장에서 보험료를 인상해야 한다거나 연금급여를 인하해야 한다고 주장할 수 있다.

그러면 연금재정 안정화를 위해 제도개선을 할 경우 보험료 인상과 연금급여 인하 중에서 어느 것을 우선적으로 선택해야 할까? 결론부터 말하자면, 당장의 재정문제 해결을 위해서는 보험료 인상이 바람직하지만 지속 가능한 연금제도를 위해서는 장래에 부담 가능한 수준으로 연금급여를 조정하는 선택을 먼저 해야 한다고 본다. 연금급여는 기대권 침해, 신뢰이익 보호 등을 이유로 소급해서 인하하기는 여간 어려운 일이 아니기 때문에 정작 재정문제가 심각해졌을 때는 해결하기 어렵다.

그런데 실제 정책결정에서는 보험료 인상을 우선 고려하는 경향이 많은데, 그것은 다음과 같은 이유 때문이라고 생각된다.

첫째, 연금수급자들은 연금 줄이는 것을 참을 수 없어 보험료 인상만을 주장하고, 현역 제도가입자들은 당장의 보험료 증가가 부담

되기도 하지만 장래의 장밋빛 연금에 대한 기대를 저버리기가 어려워 보험료 인상을 용인한다. 둘째, 현재의 정부는 미래의 재정 부담을 고려하기보다는 당장의 재정 개선에 훨씬 더 관심이 있기 때문에 연금급여 인하보다 보험료 인상을 선호한다. 보험료 인상의 효과는 즉시 나타나는 반면, 연금급여는 기대권 보호 등을 이유로 향후기간에 대해서 점진적으로 조정할 수 있어 20~30년 후에 가서야 제대로 재정효과가 나타나기 때문이다. 셋째, 정치가들도 미래의 것보다 현재의 것에 가치를 더 두는 높은 시간선호 경향 때문에 당장의 보험료 인상에 관심을 갖고 미래의 연금재정 문제는 등한시하는 경향이 있다.

모수개혁 vs. 구조개혁

긴 세월 동안 아무도 풀지 못한 고르디우스의 매듭(Gordius' Knot)을 알렉산더 대왕이 칼로 두 동강 내버리고 아시아의 지배자가 되었듯이 연금제도의 지속 가능성 확보를 위해 어떤 새로운 방법을 생각해 볼 수는 없을까?

세계 많은 나라들은 연금문제를 풀기 위해 대체로 기존 제도의 틀을 바꾸는 구조개혁(fundamental reform)과 제도의 틀을 그대로 유지한 채 내부의 수급구조를 개선하는 경로의존(path dependence)의 모수개혁(parametric reform) 중 어느 하나를 선택했다. 그렇다면 공적연금의 지속 가능성을 확보하기 위해 구조개혁을 해야 할까, 아니면 모수개혁만으로도 괜찮을까?

장래에 닥쳐올 심각한 인구감소와 고령화에 대비하기 위해서는 부분적립방식과 부과방식의 공적연금을 그대로 유지해서는 곤란할 것 같다. 이유는 부분적립방식으로 운영되고 있는 경우 제도가 성숙된 후에는 적립기금이 고갈되어 부과방식으로 전환해야 하고 부과방식 하에서는 보험료를 크게 올려야 제도운영이 가능하기 때문이다.

그렇다면 세대 간 불공평을 야기하고 제도의 장래를 어둡게 하는 부분적립방식을 완전한 적립방식이나 지속적으로 부담 가능한 수준의 부과방식으로 전환하는 것을 고려해 볼 수 있다. 예를 들어 기초연금은 부과방식으로, 소득비례보충연금은 완전적립방식으로 이원화하는 구조개혁을 생각해 보면 어떨까?

이러한 맥락에서 연금제도의 틀을 바꾸는 구조개혁은 바람직한 전략일 수 있다. 그러나 구조개혁을 하더라도 비용부담과 급여지급에 영향을 미치는 제도 내의 변수들을 조정하지 않고서는 수지개선을 달성할 수 없기 때문에 모수개혁은 병행되어야 한다고 본다.

한편, 모수개혁만으로 연금제도의 지속 가능성을 확보할 수는 없을까? 결코 불가능한 것은 아니다. 모수개혁을 하더라도 구조개혁보다 연금을 더 많이 줄이고 보험료를 더 인상할 수 있기 때문이다. 또한 모수개혁은 현재의 정책경로(policy-path)로부터 탈출을 막는 잠금 효과(lock-in effect)를 고려할 때 수용 가능성 측면에서 구조개혁보다 우월하다.

실제로 부과방식의 연금을 적립방식으로 전환하려면 현세대는 선배세대들의 연금비용을 부담하면서 자신들의 연금도 적립해야 하는 이중부담의 문제가 생겨 제도전환을 막는 잠금 효과가 발생된다. 이런 측면에서 실제 개혁에서는 지금까지 그래왔듯이 앞으로도 경로의존적인 모수개혁으로 갈 확률이 높다.

그러나 세계은행 및 ILO의 권고와 세계의 많은 국가들의 개혁사례에서 보듯이 연금제도의 장기적인 지속 가능성을 확보하기 위해서는 구조개혁이 바람직할 것으로 생각된다. 모수개혁만으로는 점점 성인병 체질이 되어가는 공적연금의 미래를 기대하기 어렵다. 개혁 초기의 부담증가가 있더라도 경로의존성(path dependence)을 탈피하고 장래를 향하여 구조개혁을 선택할 필요가 있다고 본다. 참고로 제도개혁에 따른 초기부담 증가는 제도전환비용으로 생각하고 국가가 책임지는 것이 일반적이다.

적립방식 vs. 부과방식

우리나라의 공적연금은 직역연금이든 국민연금이든 모두 제도 도입 후 일정기간 동안 약간의 기금을 적립했다가 제도가 성숙된 후에는 적립기금 없이 그때 그때 거둬서 연금을 주도록 설계되어 있다. 즉 부분적립방식으로 시작하여 부과방식(PAYG system)으로 전환하고 있는 것이다. 그 결과 제도 성숙과 함께 부담이 크게 늘어날 것이 예상되어 제도의 장래가 불투명해지는 것 같기도 하다.

그렇다고 부분적립 내지 부과방식으로 운영되는 공적연금을 모두 적립방식으로 전환해야 하는 것은 아니다. 현세대의 이중부담이 크기 때문에 현실적으로 그렇게 하기도 어렵다. 그리고 적립방식이 지향하고 있는 엄격한 의미의 보험수리적인 재정 건전성 개념을 공적연금에 적용해야 할 만한 이유를 찾기도 어렵다. 사적연금과 달리 공적연금은 제도의 종결을 생각할 수 없고 신규가입자가 계속 발생되기 때문에 그때 그때 거둬서 지급할 정도만 된다면 부과방식이 적합하다.

그렇다면 후세대가 부담 가능한 수준의 연금은 부과방식으로 운영하고 그 이상의 것은 적립방식으로 전환하든지, 그렇게 할 수 없다면 그만큼 연금을 줄여야 하지 않을까? 이런 맥락에서 보면 어정쩡하게 후세대에 부담을 떠넘기는 부분적립방식의 연금제도는 부과방식 연금과 적립방식연금으로 명확하게 구분해서 운영하는 것이 좋을 것 같다. 즉 현재가입자와 미래가입자의 보험료 부담능력을 고려해서 기초소득보장 부분과 소득비례보충 부분을 적절하게 재조정한 후 기초 부분은 부과방식으로 운영하고 소득비례부분은 확정기여형(DC)의 적립제도로 전환하는 것을 고려해 볼 수 있을 것이다.

05 믿을 수 있는 연금 약속

연금과 갈등은 샴쌍둥이

연금제도에는 피할 수 없는 자기모순의 덫이 있다. 그것은 어리석음과 중독성의 덫이다. 먼저, 어리석음의 덫이란 연금제도의 속성이 어리석음일 수 있다는 것이다.

네덜란드의 문명철학자 반 복셀은 문명의 이기(利器)가 순기능과 함께 역기능을 내포하고 있기 때문에 인류문명의 속성과 참모습은 어리석음이라고 갈파했다.[32] 연금제도 역시 순기능과 역기능을 함께 가지고 있어 이러한 어리석음의 역설에서 결코 자유로울 수 없다.

연금은 노후소득보장을 통해 인간의 존엄성을 실현하는 순기능을 가지고 있는 한편 그로 인하여 사람들을 반목과 갈등에 휩싸이게 하는 역기능도 가지고 있기 때문이다. 오늘날 우리는 연금이라는 국가의 온정적 간섭주의(paternalism) 때문에 노후를 안락하게 살아가기도 하지만 연금재정 문제와 관련해서 세대 내·세대 간의 갈등을 겪기도 한다.

연금과 갈등은 샴쌍둥이 같이 따라 다니는데, 그렇다면 연금갈등은 왜 생기는 것일까? 그것은 아마 씨를 뿌리는 것과 거두는 것 간의 인과성이 약하기 때문일 것이다.[33] 공적연금은 근본적으로 보험료와 연금액 간의 연계성 단절이라는 특성이 있다. 자기가 적립한 것을 그대로 연금으로 되돌려 받는 것이 아니다. 기여행위는 묵시적 계약에 의한 연금수급권을 얻기 위한 것으로써, 납부한 보험료는 다른 사람의 연금재원으로 사용될 뿐이다.

또한, 공적연금은 세대 내·세대 간에 재정이전이 있다. 따라서 인간이 모두 천사가 아닌 한 연금갈등은 불가피하다. 특히, 세대 간 부양시스템에 기초하여 운영되는 부과방식(pay-as-you-go system)의 연금제도에서는 더욱 그렇다. 초장기성 보험이라는 특성을 이용해서 후세대에게 부담을 쉽게 떠넘길 수 있기 때문이다. 피를 나눈 부모와 자식 간에도 지갑을 나눠 갖는 것이 쉽지 않은데, 하물며 사회 전체적으로 선배세대를 위해 후배세대가 기꺼이 지갑을 열어줄 수 있을까?

연금제도의 두 번째 자기모순적인 덫은 '중독성의 덫'이다. 중독성의 덫이란 연금은 중독성이 강해서 한 번 맛들이면 끊거나 줄이기 어렵다. 이러한 연금에 대한 중독성은 사람들에게 연금에 대한 허기와 갈증을 부추겨서 결국 연금제도를 어렵게 끌고 간다.

복지제도는 만질수록 커진다는 속설이 있다. 한 번 받기 시작한 것을 그대로 받거나 좀 더 받게 되면 가만히 있지만 줄어들게 되면 참지 못한다. 과거에는 이념 때문에 정권이 바뀌었지만 요즘은 복지정책 때문에 정권이 바뀔 정도다. 결국 연금제도에 대한 중독성은 어지간해서 줄이기 힘들 것 같다.

이와 같은 자기모순의 덫을 가진 연금제도를 가장 훌륭한 사회경제제도라고 내세우면서 세계의 모든 국가들이 채택하고 있는 이유는 과연 무엇일까? 결국 연금제도는 이러한 어리석음과 중독성이라는 자기모순의 덫에서 헤어나지 못하고 붕괴되고 말 것인가?

결코 그렇지는 않을 것이고 그래서도 안 된다. 비록 길지 않은 공적연금의 역사이지만 연금제도가 붕괴된 경험은 찾아볼 수 없다. 1970년대 중반에 오일쇼크를 겪으면서 연금제도가 붕괴 위기를 맞게 될지도 모른다고 호들갑을 떨기도 했지만 여전히 세계의 모든 나라들이 연금제도를 유지해오고 있다. 최근의 그리스 사태를 비롯한 유로존의 위기가 연금제도를 비롯한 복지정책이 주된 원인이라는 주장도 있지만 설사 그렇다 하더라도 연금제도가 붕괴될 것 같지는 않다.

문명과 전쟁이 샴쌍둥이 같이 따라 다니듯이 연금제도에도 갈등이 수반되지만 약간의 비틀거림은 있을지라도 현명한 사람들 덕분에 자기모순의 덫을 슬기롭게 헤쳐 나가리라 믿는다. 결국 인류문명이 전쟁을 겪으면서 발전해왔듯이 연금제도도 갈등을 극복하면서 지속 가능한 사회경제제도로 발전하게 될 것으로 믿는다.

기대권 보호와 세대상조

연금제도의 지속 가능성 확보를 위한 개선논의에서 가장 민감한 부분은 기대권 보호 문제일 것이다. 기대권이란 장래에 일정한 사실이 발생하면 일정한 법률적 이익을 받을 수 있는 기대를 내용으로 하는 권리를 말한다. 퇴직이나 일정연령에 도달하여 받게 될 연금수급권은 이러한 기대권에 해당될 수 있다.

그렇다면 기대권적 성격을 가진 연금수급권은 반드시 보장되어야 하나, 변경될 수도 있나?

먼저, 법률적인 측면에서 연금보험법상의 급여청구권과 기대권이 재산권으로 보호되어야 하는지, 이러한 권리를 침해하는 제도개선이 헌법이 보장하고 있는 소급입법 금지원칙에 위배된다거나 신뢰보호 원칙 등에 위배되지는 않을지 헌법재판소의 결정[34]을 살펴본다.

첫째, 연금의 재산권적 성격과 관련해서 공적연금청구권은 국가의 사회보장노력에 의해 형성되는 급여청구권이라는 점에서 입법자의 형성의 자유가 인정되므로 보장내용의 조정은 가능하다. 이미 형성되어 있는 재산권에 대한 현존상태의 보장을 의미하는 완전한 재산권과는 구별되는 것이다.

둘째, 소급입법 여부와 관련해서 연금에 대한 기대는 재산권의 성질을 가지고 있으나 확정되지 않은 형성 중에 있는 권리로써, 이는 아직 완성되지 않고 진행과정에 있는 사실 또는 법률관계를 규율대상으로 하는 이른바 부진정소급입법에 해당하는 것이어서 원칙적으로 허용된다. 기존 연금수급자에게 지급할 향후의 연금을 조정하는 것도 법 개정 이후의 법률관계만을 규율하고 있을 뿐이므로 이미 종료된 과거의 사실관계 또는 법률관계에 새로운 법률이 소급적으로 적용되어 과거를 법적으로 새로이 평가하는 진정소급입법에 해당되지 않는다. 따라서 연금수급권의 조정은 헌법상의 소급입법에 의한 재산권 박탈금지의 원칙에 위반되지 않는다.

셋째, 신뢰보호원칙과 관련해서는 연금수급자의 신뢰가치의 손상 정도에 비하여 새 입법을 통하여 연금제도를 건실하게 유지하려는 공익이 더 중요한 경우에는 헌법에 위배되지 않는다.

한편, 현실적인 측면에서도 연금수급권의 조정은 가능해야 한다. 그 이유는 세대 간 부양체제로 운영되는 부과방식의 공적연금제도에서 후세대가 너무 힘이 들어 받치고 있는 손을 빼버린다면 제도가 지속될 수 없기 때문이다. 부담을 하는 후세대의 동의를 구하지 않고 스스로 결정한 연금을 끝까지 고집한다는 것은 이치에도 맞지 않는다. 그래서 비용을 부담하는 후세대가 선세대의 연금조정을 원한다면 조정할 수밖에 없는 것이다.

결국, 연금수급권에 대한 조정은 법률적으로 가능하고 현실적으로도 가능해야 한다. 그런데 초장기성 보험제도인 공적연금에서 기대권이 쉽게 무너진다면 누가 제도에 가입하려고 할 것인가? 그래서 기대권의 조정은 가능하지만 최대한 지켜져야 하는 것이다.

이런 맥락에서 보통 연금지급률이나 지급조건 등을 변경할 경우 그 변경된 내용은 향후 가입기간에 대해 적용하거나 향후 제도가입자부터 적용하고, 종전 가입기간이나 종전 가입자에 대해서는 기존제도의 적용을 받도록 경과규정을 마련하고 있다.

그래서 앞으로도 연금 개혁이라는 이름으로 기왕에 받고 있던 연금을 안 준다든지 절대금액을 형편없이 삭감하는 일은 결코 없을 것으로 믿는다. 형편이 어렵다고 선배세대의 연금기대를 무조건 꺾으려고 달려든다면 그 다음 세대도 쉽게 연금 약속을 저버릴 수 있어 결국 세대상조에 의한 공적연금은 무너지고 말 것이다.

결론적으로 공적연금에 대한 약속은 믿을 수 있고 또 믿어야만 한다. 다만, 기대권을 심각하게 침해하지 않는 범위 안에서 합리적인 조정은 제도의 지속성을 확보하기 위해 불가피하다고 본다. 이런 맥락에서 기존의 연금수급자들에 대해서도 연금액 인상방법의 조정이나 소득심사제도의 강화 등은 논의될 수도 있다고 본다. 결국 이러한 의미에서 연금 약속은 그냥 이루어지는 것이 아니라 우리가 만들어가는 것이라고 할 수 있다.

은퇴,
일하는 노년

01 은퇴하지 않고 일하기

연금받는데 왜 일을 해야 하나?

때가 되면 꼬박 꼬박 나오는 연금 놔두고 벌어 쓰겠다는 사람이 몇이나 되겠는가? 현역 시절에 열심히 일한 대가로 인생의 마지막 1/3은 연금받으면서 편히 지내야지라고 생각하고 살 수도 있다. 그러나 공적연금이 그렇게 충분한 사람이 얼마나 되겠는가?

공적연금이 노후의 모든 부분을 책임질 수는 없다. 그리고 지금의 연금신화가 오래도록 지속될 수 없을 것 같은 막연한 불안감도 떨칠 수 없다. 일을 해서 보충해야 한다. 생애 주된 일자리에서 물러나더라도 일에서 손을 떼지 말아야 한다. 연금이 없었던 옛날에도 살았는데 매달 나오는 연금에 일해서 좀 보태어 생활하는 것은 그리 섭섭하지 않을 것 같다.

연금받으면서 무작정 노는 것은 연금벌레로 비춰질 수도 있다. 내가 낸 돈 되받아가는 것이 연금이 아니다.

현역세대의 부담으로 연금이 유지되기 때문에 그들에게 미안해하지 않으려면 어떤 일이든 하자. 몸을 움직여서 무엇이든 자식세대에게 기여한다면 근로기간 중에 낸 기여금보다 더 많은 연금을 받더라도 미안하지 않을 것 같다. 노년의 자유를 빼앗기 때문에 동물, 난초, 손자, 이 셋은 키우지 말라고 얘기들 하지만, 예로부터 손자 키우는 것은 할머니와 할아버지가 당연히 맡아오지 않았던가?

30년의 수명 보너스, 우리가 결코 기대하지 못했던 뜻밖의 횡재(windfall gains)이며 선물이다. 그러나 30년 근로, 30년 연금체제는 곤란할 것 같다. 수명이 연장되는 만큼 연금지급을 시작하는 시기도 연기해야 한다. 더 오랫동안 일하고 연금받는 기간을 줄여야 한다. 사지가 멀쩡한데 왜 일하지 않고 자식세대에게 의존하여 살아가는가? 일 안 하고 마냥 쉬는 것은 정의로운 행동이 아니다.

다행히도 오늘날 은퇴기에 접어들고 있는 세대들은 자신들의 재능과 시간을 낭비하거나 그냥 묻어 두는 것을 원하지 않는다. 지속적으로 사회에 의미 있는 기여를 하고 다음 세대를 위해 자신을 투자하기를 원한다. 그런데 문제는 마땅한 일자리를 찾기 어렵다는 것이다. 예전에는 마음은 청춘인데 몸이 말을 안 들어서 큰일이라 했는데 지금은 마음도 젊고 몸도 늙지 않았는데 할 일이 없어 걱정이라고들 한다.

그런데 일은 그냥 생기는 것이 아니고 열심히 준비하고 찾아봐야 한다. 노는 것 제대로 하나 배우는 데도 몇 년이 걸린다고 하는데, 할 일을 찾으려면 긴 준비기간이 필요하다. 다행히도 저출산으로 머지 않은 장래에는 젊은 생산 활동 인구가 줄어든다고 하니 이 자리를 건강한 노인들이 채울 수 있을 것도 같다.

노년기 30년에는 순전히 돈만을 벌기 위한 직업보다 세상에 가치 있는 일이면 더욱 좋을 것 같다. 좋아하는 일, 마음을 채울 수 있는 일을 하면서도 수입을 얻을 수 있고 설사 자원봉사를 하더라도 사회에 기여하면서 약간의 푼돈도 벌 수 있다.

여가 중심의 삶을 살 수 있도록 정부가 연금프로그램들을 도입한 것은 애초부터 아니다. 미국의 루스벨트 대통령은 1938년 대국민 연설에서 "사회보장연금제도는 어떤 개인이나 집단에게 놀고 먹는 삶을 보장하기 위한 것이 아니며 결코 그런 의도로 만들어진 것이 아니다"라고 했다.[35] 사회보장연금은 풍요로운 노후를 보상하기 위한 것이 아니라 최소한도의 필요를 충족시킬 수 있는 수입을 제공하려는 의도에서 만든 것이다.

절벽 시스템의 위험과 점진적 은퇴제도

우리나라의 퇴직양태는 대체로 완전참여에서 일시에 완전퇴직으로 이어지는 절벽(cliff) 시스템으로 되어 있다.[36] 물론 근로생애로부터 완전 은퇴(full retirement)하기 전에 약간의 소득활동을 하는 경우도 있지만 대부분은 일정연령이 되면 생애의 주된 일자리(major job)로부터 완전 퇴직을 하게 된다.

이러한 절벽 시스템은 오랫동안 관행적으로 시행되고 있는 정년퇴직제도 때문에 생겨난 것이다. 우리의 노동시장은 공공부문은 물론 민간부문까지도 일정한 연령에 도달하면 강제로 퇴직해야 하는 정년퇴직제도(mandatory retirement)를 두고 있다. 국어사전에서 정년(停年)을 찾아보면 대체로 "공무원·기타 직원이 일정한 나이에 이르면 퇴직하도록 정해진 연령"으로 설명하고 있다.[37]

그런데 외국에서는 우리와 같은 강제퇴직연령으로써의 정년(age limit)이라는 관행은 쉽게 찾아볼 수 없다. 이들에게 퇴직연령(retirement age)은 보통 퇴직연금 규정의 일부다. 통상적으로 65세 정도가 되면 완전노령연금을 받을 수 있는데 이 연령을 퇴직연령으로 보는 것이다. 즉 이 연령은 봉급과 연금 중에 하나를 선택할 수 있는 연령에 불과한 것이다.

정년을 도입하게 된 배경은 두 가지로 정리할 수 있다. 하나는 조직의 노령화를 방지하고 신진대사를 이룸으로써 조직의 능률과 활력을 제고하려는 것이고, 다른 하나는 정년연령에 이르기까지 근무의 계속을 보장함으로써 안심하고 직무에 전념할 수 있도록 하는 것이다. 이러한 정년제도의 긍정적인 취지에도 불구하고 타당성과 합리성이라는 차원에서 상당한 문제점을 안고 있는 것이 현실이다.

첫째는 제도 자체가 가지고 있는 경직성이다. 일정연령에 도달하면 직무능력과 생산성 등은 따지지 않고 획일적으로 그만두어야 하는 것은 문제가 있다. 또한 연령에 의한 고용차별 문제를 불러올 수도 있다. 실제로 미국은 1967년에 연령에 의한 고용차별금지법(ADEA, Age Discrimination in Employment Act)이 제정된 이후 몇 차례의 개정을 거쳐 현재는 연령을 이유로 해고하는 형태의 정년제도가 폐지되었다.

둘째는 조기퇴직의 문제다. 베이비붐세대들은 "이렇게 팔팔한 나이에 은퇴하라고? 노후 준비는 생각도 못했는데. 자식들 출가시켜야지, 부모님 모셔야지, 아직 해야 할 일이 산더미 같은데 은퇴라니…"라고 말한다. 지난 반세기 동안 수명은 30년 가까이 늘었는데 정년은 대체로 50대 중후반에서 60대 초반에 그대로 묶여 있다.

우리도 이제 강제로 퇴직해야 하는 획일적 정년제도는 폐지하거나 완화하는 것을 구체적으로 논의해봐야 한다. 정년퇴직제도를 한꺼번에 없애기는 어렵겠지만 임금피크제와 정년연장을 함께 실시하거나 재직 시의 성과나 생산성 등을 고려해서 퇴직연령을 탄력적으로 운영하는 유연한 퇴직제도(flexible retirement)를 확산해 나갈 필요가 있다.

가까운 장래에 획일적인 연령정년은 없어지고 연금을 받을 수 있는 자격이 부여되는 연령을 퇴직연령으로 인식하는 시기가 올 것으로 기대한다. 청년실업의 문제가 심각하긴 하지만 젊은 은퇴자의 문제는 더욱 심각하다. 나이와 경륜이 쌓이면 임금이 자동으로 올라가는 연공임금체계가 성과 중심으로 전환된다면 나이 들어 몸값 못한다는 이유로 회사 밖으로 내쫓아야 할 이유는 줄어들 수 있다.

나이 들어 줄어드는 임금은 연금제도가 보완해주면 된다. 점진적 퇴직제도(gradual retirement)는 이러한 생각을 반영한 훌륭한 제도다. 일정한 퇴직연령 이후에는 근로시간을 부분적으로 줄이는 대신 줄어드는 임금에 대해서 공적연금에서 부분연금의 형태로 줄어든 소득을 지원하는 방식이다. 이미 서구 선진국에서는 유연한 그리고 점진적 퇴직제도가 기업 차원에서나 국가 차원에서 중요한 정책으로 자리 잡아 가고 있다.[38]

인생 3모작을 준비해야 하는 이유

은퇴하지 않고 일해야 한다는 것이 죽을 때까지 직업을 가지고 경제활동을 해야 한다는 의미는 아니다. 그러나 인생에 은퇴하지 말아야 하는 경제적 또는 어떤 사회적 의무가 있는지에 대해서는 모르겠지만 자신의 생활을 윤택하게 하고 자녀들에게 떳떳하게 보이려면 일을 해야 한다. 노년기의 건강상태와 생활양태를 고려해서 적절한 일을 해야 한다.

첫 번째 직업을 우리 스스로 준비했듯이 점진적 은퇴를 위한 두 번째 일도 우리가 미리 준비해야 한다. 준비하지 않고 노년의 서드 에이지(third age)를 맞이하면 인생 3모작이 제대로 될 리 없다. 돈 벌어 생활에 보태는 것도, 노는 것도, 세상에 가치 있는 일을 하는 것도 제대로 되지 않는다.

생산 활동기인 세컨드 에이지(second age)가 끝나기 훨씬 전부터 노년기의 꿈을 이루기 위한 준비와 자기관리를 해야 한다. 노는 것도 배워야 잘 놀 수 있는데 하물며 가치 있는 일을 하려면 오래 전부터 미리 철저하게 배우고 준비해야 한다.

그래야 성공적 노년(successful aging)을 살아갈 수 있다. 은퇴설계든지 노후설계든지 노년의 삶을 풍요롭게 할 수 있는 것이라면 관심을 가지고 찾아다닐 필요도 있다. 먹고 살기도 바쁜데 무슨 노후대책

이냐고 핀잔할 수도 있지만 퇴직에 임박해서 준비하려면 이미 늦다. 준비되지 않은 노년의 삶은 황량하기 그지없다.

성장기, 생산 활동기, 노년기 3세대가 함께 사는 세상에서 노년기의 삶이 제일 팍팍하고 다른 세대들로부터 쉽게 배척당할 수 있다. 제대로 된 노년의 권위가 없다면 보기 싫은 존재로 전락할 수 있다.

유전자 연구결과 침팬지와 인간의 유전자는 99%까지 동일하다고 한다. 말과 얼룩말 정도로 비슷하다는 얘기다. 그래서 영국의 행동학자 데스먼드 모리스(Desmond Morris)는 저서《털 없는 원숭이》에서 인간을 '털 없는 원숭이'라고 불렀다.

그런데 그 핵심적인 1%의 차이 때문에 더 크게 발달된 두뇌를 가지게 된 인간은 세상에서 가장 적응력이 뛰어난 생명체로 살아가고 있다. 젊은이와 늙은이가 인간으로서 유전자는 같지만 나이 들어 힘 떨어지고 권위가 추락하면 젊은이와 늙은이 간에 다른 어떤 것이 결정적인 1%일 수도 있지 않을까?

노년의 위기를 다룬 다음 두 편의 소설은 웃을 수도 울 수도 없는 노년에 대한 끔찍한 블랙유머를 얘기하고 있다. 지나친 공상일 수 있겠지만 인생 3모작을 착실하게 준비하지 못해 쓸모없는 늙은이가 된다면 이 험한 꼴을 당하지 않는다고 장담할 수 있을까?

베르나르 베르베르의 《나무》에 수록된 〈황혼의 반란〉에서는 심각한 고령화 문제를 놓고 정부가 노인을 안락사시키려 하고, 그러한 정부의 불합리한 제도에 노인들이 힘을 합쳐 저항하는 모습을 그렸다. 노년의 이미지는 점차 사회의 모든 부정적인 요소와 결합되었다. 인구과밀, 실업, 세금 등이 모두 '자기들 몫의 회전이 끝났음에도 회전목마를 떠나지 않고 있는 노인들' 탓이 되어버렸다. 다른 집 자식들은 다 그래도 자기네 자식들은 절대 그러지 않을 것이라고 믿었지만, 자식들은 악명 높은 '휴식·평화·안락센터(CDPD)'라는 행정기관에 자신들의 부모를 넘기고 만다.

CDPD에서 죽기를 거부한 일단의 노인들이 산속 동굴에 결집하여 정부에 항거한다. 정부는 독감 바이러스를 살포하고, 경찰 병력을 출동시켜 살아남은 자들을 체포한다. 체포된 주인공 '프레드'는 주사를 맞고 죽기 전에 자신에게 주사를 놓는 자의 눈을 차갑게 쏘아보면서 이렇게 말한다. "너도 언젠가는 늙은이가 될 게다."[39]

츠츠이 야스타카의 《인구조절구역》에서는 고령화로 인해 증가하는 노인들의 수를 줄이기 위해 '노인상호처형제도'라는 이름으로 서로가 서로를 죽이는 것을 암묵적으로 정부가 허용하는 이야기를 다루고 있다. 허용한다지만 사실은 압력이자 권력남용이고 말이 상호처형제도지 사실은 실버 배틀(silver battle)이나 다름없다.

이야기의 주된 초점은 이 상호처형제도를 이상하게 여기면서도 한 편으로는 묵묵히 받아들이며 배틀에 참가하는 노인들이 서로가 서로를 죽이는 과정을 한 사람씩 돌아가며 이야기를 진행해 나간다. 끝에 가서 정부에 저항하지만 흐지부지될 뿐만 아니라 처음부터 이 제도를 받아들이며 배틀에 임할 자세를 취하고 있는 것이 '황혼의 반란'과는 다른 점이다.[40]

은퇴생활지원 프로그램

노년기의 3대 위험

헨리 워즈워스 롱펠로는 노년의 삶의 목적과 가치에 대해 노래했다. "노년은 비록 차려입은 옷만 다를 뿐 젊음에 버금가는 기회인 것을. 하여 저녁 어스름이 옅어지면 낮에는 보이지 않던 별들이 하늘에 가득하다네."

그럼에도 불구하고 인간에게 어쩌면 오래 산다는 것 자체가 위험일 수 있다. 이유는 은퇴 이후 노년기가 길이질수록 빈곤은 물론 선상 상실과 소외감이라는 위험에 직면할 확률이 높아지기 때문이다.

노년기의 가장 큰 위험은 '빈곤'문제다. 흔히 노년무전(老年無錢)은 청년출세(靑年出世), 중년상처(中年喪妻)와 함께 인생 3대 실패라고도 하지 않는가? 돈이 없어서 애쓰거나, 남한테 빌리러 다니거나, 자식들한테 아쉬운 소리 하는 일이 없어야 행복할 것이다.

노년기의 '빈곤'은 보통의 경우 자기 몫의 경제를 미리 계획하지 못했기 때문에 발생한다. 많은 사람들은 근시안적인 성향을 가지고 있어서 우선 먹고 즐기는 데 치중하고 은퇴 이후의 소득상실을 심각하게 생각하지 않을 수 있다. 합리적인 사람이라 할지라도 봉급의 대부분을 자녀 교육비로 쏟아 붓기 바쁜 현실에서 부부의 노후를 위한 통장 하나 만들지 못하는 경우가 많기 때문에 노후대비는 그리 쉬운 일이 아니다. 그래서 생겨난 것이 연금제도라 할 수 있다. 현대사회에서 노후의 장기적 소득상실을 대비하는 연금제도야말로 노년기의 경제적 안정을 위한 주요 수단이다.

두 번째 위험은 '건강 상실'이라 할 수 있다. 건강하게 지내면서 곱게 늙는 것이야말로 노년의 소원일 것이고, 안 아프고 돌아다닐 수 있어야 행복할 것이다. 노년기의 '건강 상실'은 나이가 들면서 찾아오는 신체적 노화를 피할 수 없기 때문에 발생된다. 은퇴 이후에는 청각과 시각 기능이 떨어지고, 심장 기능과 뼈 조직이 약해지는 등 여러 신체 조직이 허술해지는 현상도 나타나고, 치매라는 몹쓸 병도 찾아들게 된다. 인간수명이 늘어나는 만큼 건강수명은 늘어나지 않아 건강하지 못한 상태에서 오래 살게 되는 위험에 노출될 확률이 높아지고 있는 것이다.

노년기의 건강 상실을 막기 위해서는 규칙적인 운동과 정기적인 검진 같은 것이 필요하다. 나아가 유희성, 독창성, 기쁨, 사랑, 낙천성, 웃음, 눈물, 노래와 춤, 경이감, 호기심 같은 젊음의 속성을 계속 간직하려고 노력하는 것이 노화를 늦추면서 건강을 유지하는데 많은 효과가 있다고 한다. 이와 같이 어린아이의 성질을 어른이 되어서도 계속 간직하는 것을 생물학적 용어로 네오테니(Neoteny, 幼形成塾)라고 한다.[41]

세 번째 위험은 '소외감'을 꼽을 수 있다. 흔히 노인의 이미지는 주변과 격리되어 변화를 수용할 줄 모르는 완고한 모습으로 그려진다. 이러한 편향적인 노인상은 소외감으로부터 온다. 노년기의 우울증, 사회적 활동의 감소를 가져오는 내향성 및 수동성의 증가, 편리하고 효율적인 기구나 방법이 개발되었는데도 비효율적인 예전의 방법을 고집하는 경직성의 증가 등은 노년기 위험을 보여주는 단편들이다.

이러한 노년기의 '소외감'은 일과 취미가 없고 사회적 소속감이 없는 데서 생기는 문제다. 퇴직 후에 내구소비재 폐품이 되지 않기 위해서는 퇴직 후에 할 수 있는 일과 취미를 젊은 시절부터 꾸준히 준비해야 한다. 가족, 친구 및 이웃의 역할이 더 소중해지는 것이 노년이다.

젊은 시절부터 원만한 성격으로 폭넓은 인간관계를 쌓아 놓아야 노년이 외롭지 않다. 다양한 자원봉사를 통해서 새로운 사람들과 만나며 삶의 보람을 느끼는 것도 사회적 소속감을 갖는 좋은 수단이 될 수 있다. 자원봉사는 노인이 단지 연금벌레라는 인식을 버리게 하는 좋은 방법이 될 수 있다.

연금공단들의 은퇴생활지원 프로그램

베이비붐세대의 은퇴가 시작되고 있지만 많은 은퇴자들이 퇴직 이후의 명확한 계획을 수립하지 못하고 있다. 그래서 요즘 사회적 관심이 높아지고 있는 것이 퇴직 이후 행복한 삶을 설계하기 위한 생활설계 지원프로그램들이다. 퇴직 후의 경제활동은 물론 건강관리와 사회참여를 통한 소외감 해소 등에 관한 조언을 얻을 수 있는 여러 가지 교육프로그램이 운영되고 있다. 아울러 생활설계를 위한 상담프로그램과 전직지원서비스도 운영되고 있다.

국민연금공단은 '튼튼한 노후설계, 행복한 100세 인생'이라는 캐치프레이즈로 전국 140개 지사와 상담센터에 행복노후설계센터를 운영해서 성공적인 노후준비를 도와주고 있다. 여기서는 생애주기에 맞춘 재무 상담과 일자리, 건강, 여가, 봉사활동 등의 생활설계를 제공하고 있다. 국민의 체계적 노후준비와 건강한 노후생활을 할 수 있도록 국민연금을 기반으로 노후생활 6대 영역인 재무, 건강, 일, 주거, 여가, 대인관계에 대한 종합적인 정보와 서비스를 부가적으로 제공한다. 특히 각 영역별로 여러 기관이 나누어서 개별적으로 제공하던 서비스를 종합하고, 중산층과 저소득층 고객을 대상으로 재테크보다는 실제생활과 관련이 있는 서비스를 제공하는 것을 목표로 한다.

노후설계 프로그램은 노후소득 상담과 노후생활 상담으로 구성되어 있다. 노후소득 상담은 1단계 연금수급권 확보와 2단계 재무설계로 구성되어 있다. 노후생활 상담은 1단계로 비재무영역인 건강, 일, 대인관계, 주거, 취미, 여가 등에 대한 진단을 통해 맞춤형 정보를 제공하고, 2단계로 노후생활 영역별 전문기관과 연계를 통해 사회자원과 연결시켜준다.

공무원연금공단에서도 퇴직공무원 지원을 위한 다양한 프로그램들을 운영하고 있다. 퇴직 후의 효율적인 사회적응을 위한 생활설계과정을 1997년부터 운영하고 있고, 일자리 확보와 자원봉사, 전통문화, 건강, 재무관리 등 여가활용에 비중을 둔 미래설계과정을 2000년부터 운영하고 있다. 2011년부터는 행정안전부가 민간에 위탁하여 실시해오던 퇴직예정자의 성공적인 전직을 위한 행복설계 및 전직집

중과정을 위탁받아 실시하고 있다.

이와 함께 공단의 8개 지부에서는 퇴직공무원을 대상으로 연금아카데미를 실시하고 있다. 컴퓨터와 인터넷 활용능력을 높이기 위한 정보화 교육, 은퇴생활의 소양함양을 위한 생활강좌, 취미와 여가 활용을 위한 문화강좌 등을 실시하고 있다. 특히 2012년 7월부터 5개 공단 지부에 퇴직공무원지원센터를 열었고, 2013년에는 전국 8개 지부에 모두 지원센터를 운영할 계획이다.

퇴직공무원지원센터는 G-시니어 퇴직공무원 종합포털과 연계해 상담, 교육, 전직지원, 사회참여지원 등을 수행하고 있다. 상담은 연금, 생활, 재무 분야를 비롯해서 전직과 일자리 컨설팅 등을 수행한다. 교육은 취업, 창업을 위한 교육과 생활설계 교육 등을 실시한다. 전직지원은 취업, 창업 정보제공 및 취업알선 등을 실시한다. 사회참여지원으로는 상록자원봉사단 운영, 어린이 보행안전 도우미, 신 소외계층 자녀 학습지도 등을 수행한다.

공공부문의 은퇴지원 프로그램

고용노동부에서는 고령자들의 고용지원을 위하여 고용정보센터, 고령자 인재은행, 중견전문인력 고용지원센터를 운영하고 있다. 고령자 고용정보센터는 고령자의 자신감을 고취시키고, 일자리 정보 탐색에서 이력서 작성, 면접기법 등 일자리를 찾는데 필요한 기술을 익히도록 성공 실버프로그램을 지원한다.

고령자 인재은행은 고용센터를 이용하기 어려운 고령자에게 다양한 고용기회를 제공하기 위해 취업능력 개발과 취업알선을 지원한다. 고령자 인재은행의 구직등록자 중 취업능력을 높일 필요가 있는 자를 대상으로 취업능력향상 프로그램을 운영하고 있고, 이를 수료한 고령자에게는 집중 취업알선 서비스를 지원한다. 중견전문인력 고용지원센터는 일정한 경력을 갖추고 새로운 일자리를 찾는 중견전문인력에게 인력이 부족한 중소기업 등에 재취업할 수 있도록 지원한다.[42]

한국노인인력개발원은 2006년 개원하여 보건복지부의 노인 일자리사업을 위탁받아 운영하고 있다. 공공분야와 민간분야 일자리로 구분된다. 공공분야 일자리는 정부가 고령자들의 보수 및 부대비용을 지원하여 창출되는 일자리이며, 민간분야 일자리는 각종 물품 및 서비스 판매수익금에 의해 고령자들의 임금이 지급되는 일자리다. 65세 이상 건강한 노인이면 누구나 참여할 수 있다. 노인이 기업 내 사업현장에 인턴으로 참여할 수 있는 기회를 제공하는 시니어 인턴십 프로그램, 고령자 적합 직종을 개발하는 기업설립을 지원함으로써 시장경쟁력과 지속성을 갖춘 노인 일자리를 창출하는 고령자 친화형 전문기업, 전문경력을 보유한 퇴직노인에게 경륜 나눔형 일자리를 제공하는 시니어 직능 클럽 등이 있다.[43]

제대군인들의 취업지원을 위한 프로그램은 국가보훈처와 국방부에서 각각 실시하고 있다. 제대군인지원센터는 국가보훈처가 제대군인의 생활안정과 취업지원을 위하여 2004년부터 확대 실시해오고 있다. 제대군인 취업전문사이트(www.vnet.go.kr)를 운영하고 있으며, 주요업무로는 진로상담, 취업지원, 창업지원, 교육지원을 실시하고 있다.

국방취업지원센터는 한국군사문제연구원 내의 조직으로 국방부가 전역하는 간부들의 취업을 지원하기 위하여 1997년에 설립했다. 이 센터는 전역하는 장교 등 직업군인들을 대상으로 구인처 개발, 취업정보 제공, 취업 상담 및 추천, 취업박람회 개최 등 취업지원 활동과 취업을 위한 교육과 전직컨설팅 등 맞춤형 취업교육을 실시한다.

한편, 은퇴생활의 중요한 부분을 차지하는 것이 가정문제다. 2005년에 개소한 건강가정지원센터는 가정문제의 예방, 상담 및 치료, 건강가정 프로그램 개발, 가족문화운동 전개, 가정 관련 정보제공 등의 업무를 수행하고 있다. 보건복지부 산하에 정책개발과 계획수립 등을 수행하는 중앙건강가정지원센터가 있고, 각 지방자치단체에 지역건강가정지원센터가 있다.

　지역건강가정지원센터에서는 가족교육사업, 가족상담사업, 가족친화문화조성사업, 가족돌봄지원사업, 다양한 가족종합서비스, 그리고 지역사회 네트워크 사업 등 지역주민을 대상으로 하는 구체적인 사업을 실시하고 있다. 교육프로그램 중에는 마음을 여는 대화로 '노인 또 다른 나, 성공적 노년을 위한 실천방법' 등이 있으며 아름다운 마무리를 위한 교육프로그램도 실시되고 있다.[44]

03 / 은퇴, 나는 어디로 가지?

은퇴의 부정적 의미

은퇴(隱退)의 사전적 의미는 직무상 맡은 임무에서 물러나거나 사회 활동에서 손을 떼고 한가하게 사는 것을 말한다.[45] 경제학적인 측면에서는 급여를 받는 노동으로부터 떠나는 것을 의미하기도 한다. 이런 의미에서는 결국 돈을 벌지 않고 연금을 받아서 생활하는 것, 뒤로 물러나서 일 안 하고 마냥 쉬는 것이 은퇴생활로 여겨진다.

은퇴란 인간의 수명이 늘어나고 연금제도가 확충되면서 생겨난 비교적 새로운 개념이다. 과거에는 은퇴할 만큼 오래 살지도 못했고 대부분 먹고 살기 위해 죽는 날까지 일해야 했다. 1960년 우리나라의 평균수명은 52.4세에 불과했고 열심히 농사를 짓거나 생산 활동에 종사하다가 대부분 60세 조금 넘어서 사망했기 때문에 은퇴기란 생각할 수 없었다.

그러나 이제 트리플(triple) 30의 시대를 맞이했다. 성장기 30년, 생산 활동기 30년을 마치고도 과거에 없었던 30년의 노년기 덤이 생긴 것이다.

새로 생긴 노년기 30년을 흔히 은퇴기라 부른다. 편안하게 뒤로 물러나서 노동 없는 말년을 즐길 수 있는 시기를 은퇴기라 정의한다면, 이제는 일을 하면서 보내는 세월만큼이나 긴 세월을 일 없이 은퇴생활로 보내게 되는 행운을 누리게 될 지도 모른다.

그런데 은퇴라는 말에는 왠지 스스로가 불필요하고 비생산적인 존재로 여겨지는 쓸쓸함이 묻어나기도 한다. 인생의 2군 선수, 구경꾼, 주류에서 밀려나는 하락, 젖은 낙엽, 폐가전제품 등으로 생각되기도 한다. 심지어 시들어 빠진 채소와 함께 쓰레기통에 처박힌 존재로 보일 수도 있다. 그래서 나잇값 못한다는 핀잔이나 듣지 말고 그냥 얌전히 은둔생활이나 하려는 사람들도 있다.

평생 일해 온 직장에서 밀려난 후 무용지물이 된 것 같은 허탈함과 소외감을 느끼면서 내 인생에 무슨 의미가 있었는지 자문해 보기도 한다. 지난 시절에 부모님이나 직장의 상사들로부터 요구받던, 어쩌면 지금까지도 요구받고 있는 멸사봉공(滅私奉公)이 그것이다. 토요일도 늦게까지 일하고, 일요일에도 주체하지 못하는 일 때문에 때로는 휴일근무를 했다. 일하는 것은 미덕이고, 일하지 않는 것은 나태로 인식되었다. 이렇게 바쁜 현직생활을 하다가 갑작스럽게 은퇴를 하게 되었다. 그러나 막상 은퇴는 매우 당혹스럽다.

아침이면 무작정 출근하다가 전에 다니던 직장에 가까이 가서야 이제 내가 올 곳이 아닌데라는 생각이 들면서 되돌아가는 일이 한참 동안 반복될 수 있다. 보통의 봉급생활자들에게 은퇴는 종착역이고, 그들을 기다리고 있는 것은 자신의 초라한 모습이다. 퇴직 후 1년 사이에 10년은 더 늙어 보이는 수가 많고, 실제로 검은 머리가 갑자기 백발이 되는 사람도 많다. 이것이 정년공황(停年恐慌)이라는 현상이다. 은퇴와 함께 심각한 정년공황을 겪을 수도 있다. 이 시기를 잘못 다스려 수명을 단축시킨다면 수십 년 동안 부어온 기여금에도 불구하고 아까운 연금이 그냥 날아가 버릴 수도 있다.

흔히 나이 들어간다는 것은 전통적으로 D로 시작하는 단어들로 정의되어 왔다. 곤란(difficulty), 쇠퇴(decline), 악화(deterioration), 퇴화(degeneration), 질병(disease), 이탈(disengagement), 우울(depression), 의존(dependency), 그리고 마지막 최종 마침표를 찍는 D, 죽음(death)이 그것이다.[46] 그러나 나이가 들어 은퇴한다고 해서 이런 부정적인 단어들로만 인생을 채운다면 너무나 황량하다. 후세대에게 무대의 주인공 자리를 물려주더라도 소중한 인생의 마지막 날들이 만족스럽고 충만하려면 2차 성장을 해야 한다. 아침을 몰고 오는 젊은이들에게 묵은 의자를 비워주고 활기찬 노년(active aging)을 새롭게 맞이해야 한다. 은퇴의 부정적 의미를 지워버리고 진정한 은퇴의 의미를 새롭게 정립해야 한다.

핫 에이지(hot age), 2차 성장을 위하여

은퇴는 여가의 시작이 아니다. 태양을 즐기며 골프를 치고 와인을 마시는 안락한 여가생활을 위해 직장을 떠나는 것을 생각해 보면 마치 아메리칸 드림처럼 여겨질 것이다. 그런데 여가생활을 하며 은퇴기를 보낸다는 생각은 제2차 세계대전 이후 비즈니스를 하는 사람들의 마케팅 전략에서 비롯되었다는 것이다.

미국의 여가문화는 1960년대 애리조나에서 선 시티(Sun City) 은퇴자 커뮤니티가 출범하면서였다. 1960년 델 웹 부동산개발회사가 건설한 선 시티는 1년 만에 입주자가 2,500명이나 되는 엄청난 성공을 거두었고, 1980년대 초까지 비슷한 커뮤니티가 수없이 건설되었다. 이러한 지역에서 여가를 즐기며 살아가는 것이 성공적인 노년기 삶의 상징처럼 된 것이다.

은퇴에 대한 이러한 새로운 이미지는 사회보장연금 등 새롭게 등장한 여유자금에 주목한 여가산업 업자들이 펼친 마케팅 전략으로 나타난 결과였던 것이다. 그리고 대중매체에서도 선 시티 같은 데서 사는 것을 보기 좋게 포장하여 보도해 은퇴 이미지를 바꾸어 놓았던 것이다.[47]

자기 정체성과 존중의 원천이 되었던 일들을 대체할 수 있는 적절한 새로운 일이 마련되지 않는 한 자신은 이제 쓸모없는 사람이 되었다는 좌절감과 상실감을 느끼게 될 것이다. 긍정적인 정체성을 제공해줄 수 있는 유일한 여가는 은퇴 이전의 일을 대체해 어떤 가치 있는 결과를 생산해 내는 것이다.[48] 목적 없는 삶은 우리를 해친다. 나이가 들어 직장에서 정년퇴직 하는 것은 피할 수 없지만 은퇴는 마음먹기에 따라서 평생 하지 않고 현역으로 지낼 수 있다. 은퇴는 무언가를 끝내는 것이 아니라 졸업을 하고 새로운 다음 단계로 진입하는 입학으로 생각할 수 있다.

아침에 산보 나갔다가 사람들과 부딪치는 것이 불편하여 사람이 많이 다니지 않는 길로 다닌다. 하루 일과를 시작하기 위해 바쁘게 오가는 사람들을 보면서 '나는 어디로 가지'라는 생각이 떠올라 공허해지는 자신을 발견한다. 내가 왜 이 시점에 이 자리에 있는지에 대한 목적을 상실한 채 그냥 살고 있기 때문이다. 목적은 에너지를 제공하고, 동기를 부여하고, 집중하게 하며, 사람의 하루를 가득 차게 한다. 그리고 목적은 비전을 만든다.

은퇴하면 평생 열심히 일한 대가로 아무 걱정 없이 편히 쉬고 즐길 수 있게 될까? 은퇴 직후 찾아오는 잠깐의 '허니문' 기간 외에는 일반적으로 보다 깊은 우울증에 시달리고 자기 정체성의 위기에 빠지게 된다고 한다.

실존주의 철학자요, 의사였던 칼 야스퍼스는 "자신의 노년기가 갖는 본질적인 의미를 깨닫는 데 실패한 사람은 세월의 고통을 느낄 수밖에 없을 것이다. 자신에게 주어지는 대로 삶을 사는 사람과 자신의 삶을 인내하고 기대하며 경험하는 사람 사이에는 인생의 의미를 실현하고 구축하는데 엄청난 차이가 난다"라고 했다.[49] 성공적 노년(successful aging)을 희망하는 사람들이라면 2차 성장을 위해 인생 후반기의 활기찬 대안을 창조해야 한다. 다만, 외적인 성취로부터 이제는 자신의 내면을 탐험하고 창조하고 베푸는 본질적으로 가치 있는 일들로 옮겨가는 것이 바람직할 수 있다.

은퇴기를 긍정적으로 생각하는 사람들은 이렇게 말할 것이다. "확 뚫린 자유의 공간을 이 나이에 와서야 느끼고 있습니다. 그것이 주는 자유의 느낌이 대단해요. 연속선상 위에서 답답하게 진행되는 인생의 틀을 벗어나서 제 자신으로 살 자유, 좀 더 나다운 나로 살 자유를 이제야 발견한 거죠."[50] 인생 3모작의 출발점에서 진정으로 가치 있는 일을 찾아서 새 출발을 해보면 어떨까?

인생 항로 수정

전함은 악천후를 만나 바다 한가운데 고립되었다. 파고는 낮아질 기미를 보이지 않았고 안개 때문에 전방 50m의 가시거리조차 확보되지 않았다. 이때 망루 위에 있던 부대원이 다급히 함장을 불렀다.

"함장님, 긴급사태입니다. 우현 쪽에 불빛이 수신되고 있습니다."

"전진하고 있나 후진하고 있나?"

"아주 위험한 충돌이 예상되는 위치로 전진 중입니다."

함장은 조타수에게 건너편 배에 신호를 보내서 기수를 북쪽으로 20도 돌리라고 명령했다. 건너편 배에서 답신이 왔다. "그쪽에서 기수를 남쪽으로 20도 돌리시오."

무례한 반응에 기분이 상한 함장은 거칠게 "나는 함장이다. 기수를 돌려라"고 하자, "저는 이등수병입니다. 하지만 함장님이 기수를 돌려 우회해야 충돌을 피할 수 있습니다. 저는 등대지기입니다." 함장은 즉시 전함의 코스 변경을 지시했다.[51]

은퇴기의 2차 성장을 위해서는 새로운 목적을 가지고 변화를 수용

해야 한다. 이전의 삶에게 안녕이라고 말하고, 인생의 항로를 수정해야만 한다. 변화를 시도하지 않으면 항로를 수정하지 않아 등대에 부딪치는 배와 같은 처지가 될지도 모른다.

무엇이 움직일 수 있는 것이고 무엇이 움직일 수 없는 것인지를 생각해야 한다. 과거의 성취로부터 자신을 놓아줄 수 있어야 한다. 은퇴와 함께 중요한 인물(somebody)에서 하찮은 인물(nobody)로 전락하는 것이 아니라고 한다. 이제 직업인이 아닌 가치 있는 일을 하는 사람으로 바뀌어야 한다. 직업은 생계유지와 연금을 붓기 위해 하는 활동이고, 일은 하나의 가치를 세상에 보내는 것이다.

톨스토이는 "사람들은 저마다 인간을 변화시킬 생각을 하지만, 정작 자신을 변화시키는 것은 생각하지 않는다"고 했다. 스스로 변해야 행복한 노년을 보낼 수 있다. 은퇴를 하면 많은 것을 내려놓아야 한다. 왕년의 지위와 성공은 추억으로만 간직하고 그것에 집착하지 말아야 한다. 현직에 있을 때는 사소한 일상 가운데 많은 부분을 아랫사람이나 주위에서 해결해 주었는데 은퇴 후에는 남들이 해주지 않아 당혹스러운 경우가 많다. 고위직에 있었던 사람들일수록 더욱 그렇다.

고스란히 본인의 몫이 되어버린 일상의 일들을 새롭게 배우면서 해나가야 하다. 그동안 해왔던 업무에 대해서는 최고 수준이었는지 모르지만 일반시민으로 지금 시대에 맞는 문명을 이해하기 위해서는 사회적응기간이 필요하다. 지금 이 세상에 살면서 이 세상 것을 외면

할라치면 이 세상에 살 자격이 없는 것이 아닐까?

현역시절에는 국가와 가족을 위하여 열심히 살아왔지만, 이제 자기 자신을 배려할 시기가 온 것이다. 자신에 대한 배려는 이기적인 것이 아니다. 현역시절에는 직업 안정성이나 직업적 성공 등 현실 측면에 매달려 살아왔다. 하지만 은퇴 이후에는 자신의 마음을 채울 수 있는 일, 열정을 좇는 일에 몰두하는 것도 좋을 듯하다. 현실의 짐을 벗고 완전히 새로운 일을 준비할 수도 있다.

또한 노년기에는 일과 여가의 균형을 이루는 것도 중요하다. 약간의 느슨함을 느낄 필요도 있을 것 같다. 잠깐 동안은 마음이 말해줄 때까지 아무것도 하지 말고 가만히 있는 것도 괜찮은 방법이다.

가치 있는 은퇴 후의 삶을 찾아서

가치 있는 은퇴 후의 삶이란 어떤 것일까? 일을 해서 돈 벌고, 결혼해서 아이 낳아 키우고, 나이 먹고 죽는 것 말고 더 다른 가치 있는 것은 없는가? 이 짧은 인생에 무언가가 더 있다면 그것은 무엇인가?

은퇴! 이제야 말로 진정한 자신의 모습, '참나'를 찾아갈 수 있는 기회가 찾아왔다. 현역시절에는 바쁜 직장생활 때문에 자신을 돌이켜 볼 겨를조차 없었지만, 은퇴 후에는 정말로 자기가 하고 싶은 일, 세상을 위해 가치 있는 일을 할 여유를 갖게 된다.

리차드 바크(Richard Bach)의 《갈매기의 꿈》에 나오는 갈매기 조나단과 같이 진정한 자신의 모습을 찾기 위해 긴 여행을 떠나보면 어떨까. 갈매기 조나단은 단순히 배를 채우기 위해 서로 경쟁하며 먹이나 찾는 지금까지의 갈매기의 삶의 방식에 회의를 품는다. 자기가 진정 원하는 삶은 하늘을 자유롭게 나는 것이다. 그것을 위해 무리에서 벗어나 혼자 외롭게 여러 가지 비행 방법을 연습하고 터득한다. 하지만 갈매기 무리는 조나단의 이단적 행위를 용서하지 않고 무리에서 추방한다.

조나단은 무리를 떠나 더 큰 이상을 찾아 어디론가 비행 중 비슷한 생각을 가진 갈매기를 만나 새로운 세계로 인도된다. 거기서 치앙(Chiang)이라는 노 갈매기를 만나 가르침을 받게 된다. "하늘나라(heaven)란 우리가 인식하는 장소나 시간이 아니야. 그것은 그 자체 완벽함, 즉 합일된 상태를 말하지. 시간과 공간을 초월한 완벽한 속도를 내려면 너의 몸체에 대한 인식 때문에 자기의 무한성을 제한하는 생각을 해서는 안 돼."

조나단은 치앙의 지도를 따라 수련 끝에 자신이 원래 완벽하고 무한한 존재였음을 깨닫는다. 그리고 자신이 터득한 가르침을 다른 갈매기 무리에게 가르쳐 준다. "우리 모두는 진정 우리(sea gull) 안에 위

대한 갈매기(great sea gull)를 가지고 있어. 어떤 걸림돌도 없는 무한한 자유를 말일세."[52]

안데르센(Andersen)의 동화 《미운 오리새끼》에서도 긴 여정을 통해 진정한 자신의 모습을 보게 된다. 초여름 어느 날, 밀밭 옆 호숫가에는 아기 오리의 탄생을 기다리는 어미 오리 한 마리가 둥지를 틀고 있었다. 껍질을 깨고 나온 아기 오리는 모두 일곱 마리였다. 웬일인지 여덟 번째 아기 오리는 긴 잠에서 깨어나지 못하고 있었다. 불길한 예감이 스쳤지만 따스한 깃털로 며칠을 더 품은 결과 여덟 번째 아기 오리가 모습을 나타냈다. 하지만 어미는 막내 오리를 본 순간 절망감을 느꼈다. 부스스 기지개를 켜는 막내 오리의 생김새가 그들과는 전혀 달랐던 것이다.

다른 오리들의 놀림과 따돌림이 심해져서 미운 오리새끼는 그곳을 떠나 어느 연못에 도착했다. 어느 날 해질 무렵, 한 떼의 아름다운 새가 무리 지어 자기 머리 위를 날아가고 있었다. 그 날개는 너무 희어서 눈이 부셨고 목은 너무 길어 우아하기까지 했다. 그 새들을 보자 자기도 모르게 눈물이 고였다. 얼마 후 그 연못에 있던 다른 오리들이 떠나고 혼자 농가의 빈 헛간에서 길고 험한 겨울을 났다. 마침내 봄기운이 돌자 미운 오리새끼는 목을 한 번 쭉 빼고 날개를 펼쳐 멀리 나는 것을 시도했고 날개에 힘이 실리면서 연못 위에 가볍게 내려앉을 수 있었다.

　연못에서 첫 봄을 맞으며 상쾌한 헤엄을 즐기고 있을 때 한 무리의 백조가 나타나자 두려움을 무릅쓰고 우선 고개 숙여 인사부터 했다. 그런데 정말 이상한 일이었다. 물속에는 앞의 백조보다 더 아름다운 모습을 한 백조가 자기를 바라보고 있는 것이었다. 바로 자신의 모습이었다.[53]

　르네상스 시대 이탈리아의 대표 조각가이자 건축가, 화가 그리고 시인이었던 미켈란젤로의 '다비드상'에 관한 이야기이다. 차갑고 생명도 없는 대리석을 어떻게 포근하고 감성이 풍부한 인간의 형태로 이처럼 경이롭게 조각할 수 있는지를 미켈란젤로에게 물었다. 그런데 미켈란젤로는 자기는 대리석에 조각을 한 적이 없다고 대답했다. 그러면서 자신은 단순히 대리석 안에 이미 들어 있던 그 아름다운 인간의 모습이 그대로 드러나도록 필요 없는 대리석을 쪼아낸 것뿐이라고 응답했다. 그는 대리석에 추상적인 모습을 조각한 것이 아니라 불필요한 돌로 싸여 있던 인간 본래의 모습을 찾아 자유를 부여한 것이었다.[54] 이제 우리도 은퇴와 함께 '참나'를 둘러싸고 있는 불필요한 것들을 하나씩 걷어내고 진정한 자신의 모습을 찾아보면 어떨까?

연금과 함께하는 행복한 노년

중·고령의 연금수급자들은 그들의 연금이 줄어들지 않을까 불안해한다. 또 젊은 현직들은 많은 보험료를 내고서도 정작 자신들이 연금을 받을 때는 만족할 만한 연금을 받을 수 없을까봐 불신의 눈빛을 보내기도 한다.

그러나 이러한 불안과 불신은 결코 연금제도의 운영에 도움이 되지 않는다. 공적연금은 국가가 운영하는 것이다. 국가를 믿고 연금제도에 신뢰를 보내야 한다. 결국 연금은 믿을 수 있고 믿어야만 한다. 그래야 우리의 노후가 안전하게 보장된다.

베르나르 베르베르의 《상상력 사전》에 이런 이야기가 나온다. 미얀마의 원주민들은 원숭이를 잡기 위해 아주 단순한 덫을 개발했다. 이 덫은 목이 좁고 배가 불룩한 투명용기를 사슬에 연결하여 나무 밑동에 묶어 놓은 것이다. 그들은 용기 안에 크기가 오렌지만하고 원숭이가 손으로 으스러뜨릴 수 없을 만큼 단단한 과자를 넣어둔다. 과자를 본 원숭이는 그것을 잡으려고 용기 안에 손을 집어넣는다. 하지만 과자를 움켜쥔 채로는 용기의 좁다란 목으로 손을 빼낼 수가 없다. 원숭이는 제 손아귀에 들어온 과자를 포기하려고 하지 않는다. 그러다가 결국은 사람들에게 잡힌다.

설마 이 원숭이의 덫에 인간이 걸려들어 헤어날 수 없다고 생각하는 사람은 없을 것이다. 침팬지와 인간의 DNA는 99%가 같다고 하지만 결정적인 1%의 차이 때문에 원숭이의 덫쯤은 인간이라면 쉽게 헤어날 수 있다고 본다. 인간에게는 다른 사람의 어려움을 불쌍히 여기는 심성도 있고, 사회 전체적으로 꼭 필요한 제도라면 어떻게 해서라도 지속 가능하게 하는 현명함도 있다.

그래서 비록 인간들이 천사가 아니라서 연금제도의 운영과정에서 갈등구도가 형성되기도 하지만 결국 그 갈등은 해결될 수 있다. 그래서 공적연금은 세계의 모든 국가에서 지속 가능한 제도로써 노후생활의 버팀목 역할을 잘 수행하고 있는 것이다.

세대 간 부양을 기초로 운영되는 연금제도에서 갈등의 핵심은 세대 갈등이다. 그래서 세대 간의 상조가 중요한데, 사람들은 자기 입장에서만 생각하는 버릇이 있다. 인간들은 '호랑이는 죽어서 가죽을 남긴다'고 하는데 정작 호랑이는 '가죽 때문에 죽는다'고 한다. 서구인들은 콜럼버스가 아메리카 대륙을 발견하였다고 하는데, 콜럼버스가 가기 전에 그 대륙에는 이미 잉카와 아즈텍 문명이 존재하고 있었다.

연금에서도 현세대 우리들의 입장에서만 생각할 것이 아니라 후세대의 형편을 헤아려야 하지 않을까? 후세대가 부담 가능한 수준의 연금제도를 함께 만들어 가는 것이 제도의 지속 가능성을 높이는 것이다. 부디 우리가 후세대의 먹고 사는 터전을 마련해 주었으니 연금부담 정도야 별 것 아니라고 생각하지 말자.

존 롤즈가 《정의론》에서 말하듯 사상체계의 제1덕목을 진리라고 한다면 사회제도의 제1덕목은 정의라고 할 수 있다. 자식들에게 재산 물려주는 것도 좋지만 빚을 물려주지 않는 것이 더 정의롭고 떳떳하지 않는가? 우리 모두가 정의로운 연금체계를 만들어 간다면 우리의 노후는 공적연금을 믿고 의지할 수 있을 것이다. 세대 간의 연대의식은 기쁨이 아닌 고통을 나누는 데에서 생긴다. 누구나 즐거운 일을 함께한 사람보다 고통의 순간을 함께 나눈 사람에게 더 친근함을 느낀다.

달도 차면 이지러지듯이 인생에도 은퇴기가 온다. 기쁨도 즐거움도 사라지고 없는, 죽지는 않지만 늙어만 가는 황혼기를 보낼 수는 없지 않은가! 이제는 연금만 믿지 말고 일을 해야 한다. 우리사회는 급속한 은색 세상(silver world)으로 가고 있다.

저출산, 고령사회의 해법은 건강한 노인을 일하게 하는 것이다. 청춘에는 미래가 불안했음에도 첫사랑이 있어 견딜만 했다. 중년에는 밤을 낮 삼아 일해도 살림은 넉넉하지 않았지만 아이들이 있어 행복했었다. 마찬가지로 노년의 삶도 몰입할 수 있는 일이 있고 연금이나

미리 준비한 노후자금이 있다면 행복할 것이다.

공적연금제도에 무한한 신뢰를 보낸다. 그리고 연금과 함께 가치 있는 은퇴 후의 삶이 되기를 바란다.

1) 최재식, 《공무원연금제도 해설》, 공무원연금공단, 21-36쪽 참조

2) 보건복지부 기초노령연금(http://bop.mw.go.kr) 참조

3) 연금수급권은 민법 제345조의 재산권을 목적으로 하는 질권, 즉 채권의 담보로 채무자가 제공한 재산권을 점유하고 그 재산권에 대하여 다른 채권자보다 자기 채권의 우선변제를 받을 수 있는 권리와 제404조의 채권자대위, 즉 채권자가 자기의 채권을 보전하기 위하여 채무자의 권리를 행사하는 것도 제한된다.

4) 최재식, 《공무원연금제도 해설》, 공무원연금공단, 255-256쪽 참조

5) 국민연금은 10년 이상 가입하여 연금수급권을 확보한 경우 일시금 선택을 할 수 없고 연금만 받을 수 있다. 공무원연금은 일시금 선택제도가 없다가 1970년도에 도입되었는데, 그 이유는 장기 근속해야 하는 공무원이 일시금 수급을 원한 나머지 중도에 퇴직하는 경향이 있어 일시금 선택제도가 필요했다는 것이다.

6) 연금지급 개시연령이 폐지된 이유는 군인에게 있었던 것 같다. 1963년 '군인연금법'이 제정되어 분리되기 전까지는 직업군인도 '공무원연금법'의 적용을 함께 받고 있었는데, 1961년 군사혁명 이후 전역하게 된 많은 퇴역군인에게 생활보장을 위한 연금을 지급하기 위하여 연령요건을 폐지한 것으로 보인다. 당시의 연금지급 요건은 20년 이상 재직과 60세 이상의 연령이었는데, 많은 퇴역군인이 재직기간 요건은 갖출 수 있었지만 연령요건에 미달되어 연령제한 요건을 폐지하고 가입기간 요건만 갖추면 연금을 지급할 수 있게 한 것이다. 연금제도 시행초기였지만 군인이 재직기간 20년 요건을 갖출 수 있었던 것은 정부 수립 이후 연금제도 시행 전의 기간인 1948년 8월부터 1959년 12월까지 11년 5개월에 대해 별도의 소급기여금 징수 없이 연금산정 재직기간에 산입했다. 아울러 한국전쟁기간 중의 전투종사기간 등에 대해 1년을 3년으로 계산하는 특례규정이 있었기 때문이다. 이 조치는 당시의 특수한 시대적 배경 하에 이루어진 것으로 이해한다고 하더라도 이를 일반화해서 모든 군인과 공무원까지 연금지급 개시연령을 폐지한 것은 잘못이었다고 판단된다.

7) 민법의 상속순위는 직계비속, 직계존속의 순이며, 동순위의 상속인이 2인 이상인 경우에는 최근친을 선순위로 한다. 배우자는 다른 유족 중 선순위의 유족과 동순위가 되며, 다른 유족이 없는 경우 단독 상속인이 된다.

8) 1995년 이전에는 혼인시기에 따른 제한이 없었는데 퇴직 후 사망 직전에 젊은 배우자를 얻게 되는 경우 재직 중 부부로서의 보험료 기여도 없이 지나치게 장기간 유족연금을 받게 되는 점이 논

란이 되어 1996년부터 퇴직 후 혼인관계가 성립된 경우는 제외하게 되었다.

9) 공무원연금은 7급 이상, 국민연금은 2급 이상이지만 장애등급과 그 인정기준이 서로 다르다.

10) 2010년 이후 임용된 자는 유족연금 지급률이 퇴직연금의 60%로 하향조정되었다.

11) 사립학교교직원연금은 공무원연금과 같은 구조이고, 군인연금은 최근의 제도 개혁이 미루어져 수익비가 공무원연금보다 높다.

12) 여기서의 수익비는 2011년 기준으로 계산한 것으로, 이 책의 다른 부분에서 인용한 문형표, 〈국민연금법 개정에 대한 평가와 향후 정책과제〉, 한국개발연구원, 《공적연금제도의 평가와 정책과제》 21-22쪽과 최재식, 《공무원연금제도 해설》, 공무원연금공단 105쪽의 수익비와 약간 차이가 있다.

13) 세월이 지나 제도가 성숙되면 공무원연금이나 군인연금과 같은 운명이 될 것이지만, 국민연금과 사립학교교직원연금은 아직까지 연금기금이 쌓이고 있기 때문에 보험료는 당연히 기금에 적립되고 있는 것으로 생각한다.

14) 총무처(1967), 《공무원처우개선백서》, 62쪽

15) 최재식, 《공무원연금제도 해설》, 공무원연금공단, 40-44쪽 참조

16) 문형표, 〈국민연금법 개정에 대한 평가와 향후 정책과제〉, 한국개발연구원, 《공적연금제도의 평가와 정책과제》, 21-22쪽 참조

17) 베르나르 베르베르, 이세욱·김호경 옮김, 《상상력 사전》, 열린 책들, 6쪽

18) 보놀리. G.(Bonoli. G.), 공무원연금공단 옮김, 《연금 개혁의 정치》, 12-16쪽 참조

19) 최재식, 《공무원연금제도 해설》, 공무원연금공단, 5쪽

20) 사마리탄(Samaritan)의 딜레마(Dilemma)는 노벨경제학상 수상자인 J. M. 뷰캐넌(J. M. Buchanan)이 성서의 일화를 경제현상에 적용한 것으로써, 정부의 복지혜택이 수혜계층의 근로의욕과 저축 의욕을 감소시켜 결과적으로 사회전체의 생산력을 저하시킨다는 일종의 모랄 해저드(moral hazard) 현상을 말한다.

21) 폰지 게임이란 후 투자자로부터 재원을 조달하여 선 투자자들에게 지급하는 금융 피라미드의 일종으로 채무자가 끊임없이 빚을 굴려 원금과 이자를 갚아나가는 상황을 말한다. 미국의 금융 사기범 찰스 폰지(Charles K. Ponzi)의 범행수법에서 연유되었다.

22) 최재식, 〈2011 GEPS 연금포럼〉, 공무원연금공단 GEPS연구소, '30년 후의 연금은 어떤 모습일까?' 4-8쪽 참조

23) KOSIS, 국가통계포털 참조

24) 공무원연금공단, 〈공무원연금 연간보고서(Annual report) 2010〉 참조. 단, 20년 미만 재직자로서 공적연금연계제도의 적용을 받는 연계연금수급자를 제외했으며, 이를 포함할 경우에는 부양률이 훨씬 더 높아진다.

25) 국민연금공단, 〈국민연금 재정재계산 2008〉

26) 존 롤즈, 황경식 옮김, 《정의론》, 이학사 및 고바야시 요시아키, 이호동 옮김, 《공공선택론》, 51-55쪽

27) 최재식, 〈공무원연금제도의 재정 건전성 제고를 위한 정책대안 분석〉, 성균관대학교 대학원 박사 학위 청구논문, 108-109쪽

28) 최재식, 〈공무원연금제도의 재정 건전성 제고를 위한 정책대안 분석〉, 성균관대학교 대학원 박사 학위 청구논문, 110쪽

29) 헌법재판소 2001 헌마93, 138, 143쪽 참조

30) 국민연금연구원, 〈공적연금의 이해〉, 161-232쪽 및 이각희, 〈외국의 공무원연금제도 개혁사례 분석〉, 공무원연금공단 참조

31) NDC란 연금가입자의 기여금을 개인별 명목계정(notional account)에 귀속시켜 이를 기초로 연금을 산정하되, 실제로는 적립금액이 없이 부과방식으로 운영하는 방식을 말한다.

32) 마티이스 반 복셀, 이경석 옮김, 《어리석음에 대한 백과사전》, Human & Books

33) 호세 삐녜라, 하상욱 옮김, 《고양이 목에 방울달기》, 자유기업센터, 51쪽

34) 헌법재판소 2001 헌마93, 138, 143쪽 참조

35) 해롤드 G. 쾨니히(Harold G. Koenig), 유재성 옮김, 《아름다운 은퇴》, 학지사, 44쪽

36) 방하남·강석훈·신동균·안종범·이정우·권문일, 〈점진적 은퇴와 부분연금제도 연구〉, 한국노동연구원, 1쪽

37) 《민중국어사전》

38) 방하남·강석훈·신동균·안종범·이정우·권문일, 〈점진적 은퇴와 부분연금제도 연구〉, 한국노동연구원, 3쪽

39) 베르나르 베르베르, 이세욱 옮김, 《나무》, '황혼의 반란', 열린 책들

40) 츠츠이 야스타카, 장점숙 옮김, 《인구조절구역》, 북 스토리

41) 론다 비먼, 김정혜 옮김, 《젊음의 유전자, 네오테니》, 도솔

42) 고용노동부, 〈고령자 고용지원제도 안내〉, 2011 참조

43) 한국노인인력개발원(www.kordi.or.kr) 참조

44) 건강가정지원센터(www.familynet.or.kr) 참조

45) 《민중국어사전》

46) 윌리엄 새들러·제임스 크레프트, 김경숙 옮김, 《핫 에이지, 마흔 이후 30년》, 사이, 37쪽

47) 해롤드 G. 쾨니히(Harold G. Koenig), 유재성 옮김, 《아름다운 은퇴》, 학지사, 27-30쪽

48) 해롤드 G. 쾨니히(Harold G. Koenig), 유재성 옮김, 《아름다운 은퇴》, 학지사, 71쪽

49) 해롤드 G. 쾨니히(Harold G. Koenig), 유재성 옮김, 《아름다운 은퇴》, 학지사, 26쪽

50) 윌리엄 새들러·제임스 크레프트, 김경숙 옮김. 《핫 에이지, 마흔 이후 30년》, 사이, 46쪽

51) 스즈키 요시유키, 이태복 옮김, 《코칭? 코칭!》, 느낌이 있는 나무, 146-147쪽

52) 유민봉, 《나를 찾아가는 자기경영》, 미래경영개발연구원, 361-363쪽

53) 스즈키 요시유키, 이태복 옮김, 《코칭? 코칭!》, 느낌이 있는 나무, 204-210쪽

54) 유민봉, 《나를 찾아가는 자기경영》, 미래경영개발연구원, 370-371쪽

가난한 노년 탈출, 연금이 해답이다

초판 1쇄 2012년 10월 15일

지은이 최재식
펴낸이 성철환 **담당PD** 조윤미 · 이경주 **펴낸곳** 매경출판㈜
등 록 2003년 4월 24일(No. 2 – 3759)
주 소 우)100 – 728 서울 중구 필동1가 30–1 매경미디어센터 9층
홈페이지 www.mkbook.co.kr
전 화 02)2000 – 2610(편집팀) 02)2000 – 2636(영업팀)
팩 스 02)2000 – 2609 **이메일** publish@mk.co.kr
인쇄 · 제본 ㈜M – print 031)8071 – 0961

ISBN 978 – 89 – 7442 – 849 – 5
값 13,000원